독도가 우리 땅인 이유 33가지

독도가 우리 땅인 이유 33가지

초판 1쇄 펴낸날 2013년 8월 12일
초판 6쇄 펴낸날 2022년 1월 17일

엮은이 | 참어린이독서연구원
펴낸이 | 장승규
디자인 | 인디나인

펴낸곳 | 도서출판 세용
등록 | 2003년 9월 17일 제300-2003-3
주소 | 경기도 성남시 분당구 금곡로 263, 508-801
전화 | 031-717-6798
팩스 | 031-717-6799
E-mail | seyongbook@naver.com

ISBN 978-89-93196-37-5 73900

※ 책값은 뒤표지에 있습니다. ※ 파본은 바꾸어 드립니다.

독도가 우리 땅인 이유 33가지

엮은이 **참어린이독서연구원**

세용

머리말

독도는 우리나라 영토 동쪽 끝자락에 있는 섬입니다.

    수천 년의 역사를 지나오는 동안 단 한 번도 우리 땅이 아닌 적이 없었던, 대한민국 고유의 소중한 섬 독도입니다. 그런데 일본은 시도 때도 없이 독도 영유권을 주장하고 있습니다. 국내 정세가 불안정해도 독도, 경제 상황이 나빠져도 독도, 총리가 바뀌어도 독도를 외칩니다. 바람에 대문이 삐걱거리기만 해도 시끄럽게 짖어 대는 강아지처럼 말입니다.

    1905년 1월 28일, 일본은 관계자들 몇 명이 돌려 읽어 본 것에 불과한 '시마네 현 고시 40호'라는 회람용 서류에 독도를 다케시마라고 부르며 일본 영토라고 표기해 놓고는, 기회가 있을 때마다 똑같은 말을 반복하고 있습니다. 하지만 우리 정부의 태도에 변화가 없자, 이제는 독도 영토 분쟁 문제는 국제사법재판소에 의뢰해 해결해야 한다고 떠들어 댑니다. 마음씨 고약한 동네 부자가 착하디착한 옆집 농부의 자식을 제 아이라고 우기며 법정에 가서 따져 보자고 생떼를 쓰는 것과 같은 이치입니다.

    일본이 독도 영유권을 주장할 때마다 우리는 분노합니다. 하지만 독도는 언제부터 우리 땅이었으며 그 근거는 어디에 있는지, 나아가 일본의 독도 영유권 주장이 왜 허무맹랑한 것인지에 대해 자세히 알고 있는 사람은 그다지 많지 않습니다.

　일본은 아이들의 교과서까지 동원해 독도를 자국의 영토라며 거짓 교육을 시키고 있습니다. 우리도 이제 독도는 과연 어떤 섬이며 왜 우리 땅인지, 그 확실한 근거를 모두 알고 있어야 합니다. 그래서 《독도가 우리 땅인 이유 33가지》를 엮게 되었습니다.

　독도는 동해 한가운데 떠 있는 작은 바위섬입니다. 일본이 독도 영유권에 병적으로 집착하고 있는 이유는 사람조차 살 수 없는 작은 섬 하나를 갖고 싶어서가 아닙니다. 만약 독도가 일본 영토가 된다면, 동해는 곧바로 일본해라는 이름으로 바뀔 것입니다. 나아가 독도와 울릉도를 포함한 동해의 모든 해상 지배권은 일본으로 넘어가겠지요. 독도를 잃는 순간, 동해는 이미 우리의 바다가 아닙니다. 나아가 그 다음은 한반도가 기다리고 있다는 사실을 우리 모두는 명심해야 합니다.

차례

머리말_ 4

제1부 아름다운 우리 섬, 독도_ 8
1. 독도의 위치와 자연 환경_ 10
2. 독도의 동식물과 해산물_ 14
3. 독도의 지하자원_ 18
4. 독도의 명칭 변화_ 22
5. 시마네 현의 '다케시마의 날'_ 26
6. 대마도 영유권 주장_ 30

제2부 기록으로 찾아본 독도_ 34
7. 삼국사기와 독도_ 36
8. 독도는 조선 땅 – 일본 태정관 문서_ 40
9. 일본의 경계는 오키 섬–〈은주시청합기〉_ 44
10. 어부들의 마찰과 돗토리번 답변서_ 48
11. 조선의 울릉도 쇄환정책_ 52
12. 독도 지킴이 안용복_ 56
13. 대한제국 칙령 제41호_ 60
14. 시마네 현 고시 제40호_ 64
15. 울릉도 군수의 독도 관련 보고서_ 69
16. 독도를 찾아볼 수 없는 일본의 옛 지도_ 72

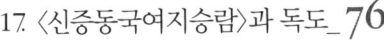

17. 〈신증동국여지승람〉과 독도_ 76
18. '동국도'와 독도_ 78
19. '조선전도(각도지도)'와 독도_ 80
20. '팔도전도'와 독도_ 82
21. '대조선국전도'와 독도_ 84
22. 프랑스 지리학자 당빌의 지도와 독도_ 86

제3부 독도는 우리 땅_ 88

23. 카이로 선언과 포츠담 선언, 그리고 독도_ 90
24. 연합국총사령부의 독도 지침_ 94
25. 샌프란시스코 강화조약_ 97
26. 을사조약과 한반도, 그리고 독도_ 100
27. 독도와 국제사법재판소_ 103
28. 오늘날의 독도 영토권 행사_ 106
29. 독도 관련 민간 단체_ 110
30. 일본과 중국의 영토 분쟁_ 112
31. 일본과 러시아의 영토 분쟁_ 114
32. '러스크 서한'과 미국, 그리고 독도_ 116
33. 대한민국, 일본, 미국, 그리고 독도_ 119

1

일본은 기회만 있으면 독도의 영유권을 주장하며 시끄럽게 떠들어 대곤 합니다.
어떻게든 독도를 영토 분쟁지역으로 만들어 국제 무대로 끌고 나가면,
막강한 경제력을 앞세운 자기네들이 우리보다 상대적으로 유리할 것이기 때문입니다.

제1부 아름다운 우리 섬, 독도

1. 독도의 위치와 자연 환경
2. 독도의 동식물과 해산물
3. 독도의 지하자원
4. 독도의 명칭 변화
5. 시마네 현의 '다케시마의 날'
6. 대마도 영유권 주장

1. 독도의 위치와 자연 환경

Q 독도는 어떤 섬인지 궁금합니다. 그리고 다른 섬이나 육지와는 어느 정도 거리에 있는지에 대해서도 알고 싶습니다.

A 독도는 경상북도 울릉군 울릉읍 독도리 1~96 번지 일대의 섬입니다. 소유권이 대한민국 정부에 있는 나라 땅으로, 1982년에 '독도 해조류 번식지'로 지정했다가 1999년에는 천연기념물 제336호로 지정해 정부에서 보호하고 있습니다.

독도는 동도와 서도를 비롯해, 주변의 크고 작은 89개의 바위섬으로 이루어져 있습니다. 지리 좌표는 동경 131도 52분, 북위 37도 14분으로, 우리나라 영토의 동쪽 끝입니다. 그러니까 독도는 서쪽의 평북 마안도, 남쪽의 제주 마라도, 북쪽의 함북 유원진과 함께 우리나라 사방 끝 지점 중 하나인 것입니다.

독도의 면적은 부속 바위섬들을 포함해 약 18만 7,554제곱미터입니다. 해발고도는 동도가 98.6미터이고 서도는 168.5미터인데, 대부분이 바위로 이루어진 화산섬이기 때문에 식물이나 동물이 많이 살고 있지는 않습니다. 하지만 난류와 한류가 교차하는 주변의 바다는 각종 해산물이 풍부합니다.

독도 전경

독도는 울릉도에서 동남쪽으로 약 87.4킬로미터 떨어진 곳에 있습니다. 한반도의 울진 죽변항과는 약 216킬로미터 거리입니다. 그런데 일본 본토에서는 약 220킬로미터, 시마네 현 오키 섬에서는 약 157킬로미터가량 떨어져 있답니다.

독도가 보이는 유일한 땅은 울릉도입니다. 화창한 날 울릉도 동남쪽 바닷가나 성인봉에 오르면 독도를 볼 수 있습니다. 그래서 독도는 예부터 울릉도의 부속 섬으로 여겨 왔습니다.

독도의 두 섬 중 하나인 동도에는 500톤급 선박이 정박할 수 있는 접안시설과 등대가 있습니다. 또한 독도경비대 숙소와 헬기장도 있답니다. 하지만 대부분의 해안이 30미터가 넘는 절벽으로 이루어져 있어서 쉽게 드나들 수 없습니다.

동도에서 서쪽으로 약 150미터가량 떨어져 있는 서도에는 기상측정기와 어민 대피시설 등이 있습니다. 그리고 독도에서 유일한 샘도 있답니다. 이 섬 북서쪽 해안에 물골이라는 골짜기가 있는데, 그곳 바위틈에서 조금씩 흘러내리는 물이 신기하게도 바닷물이 아닌 샘물이어서 더없이 귀중한 생활용수가 되어 주고 있습니다.

독도에는 약 50여 명의 대한민국 국민이 상주하고 있습니다. 경북지방경찰청 독도경비대 대원 1개 소대 규모와 포항지방해양수산청 소속 등대원, 그리고 울릉군청 독도관리사무소 직원과 어로활동을 하고 있는 민간인 부부 두 명이 살고 있습니다.

독도는 예부터 대한민국 고유의 영토였습니다.
유사 이래 단 한순간도 일본 땅이었던 적이 없는 섬이지요.
일본이 독도 영유권을 주장하며 국제사법재판소 제소를 운운하는 것은, 흡사 마음씨 고약한 동네 부자가 착하디착한 옆집 농부의 자식을 제 아이라고 우기며 법정에 가서 따져 보자고 생떼를 쓰는 것과 같은 이치입니다.

2. 독도의 동식물과 해산물

> **Q** 독도에는 어떤 동식물이 살고 있으며, 주변 바다에서 많이 잡히는 해산물로는 무엇이 유명한지 궁금합니다.

A 독도는 해저의 지각활동으로 인해 솟아오른 용암이 굳어지면서 생긴 화산섬입니다. 섬의 규모가 워낙 작은 데다, 경사마저 가팔라서 오랜 세월이 흘러도 토양이 발달하기 어려운 지형을 갖고 있지요.

게다가 가장 가까운 울릉도와의 거리만 해도 87.4킬로미터나 되기 때문에 식물들의 씨앗이 쉽게 닿을 수가 없었습니다. 나아가 비가 내리기는 하지만 금세 바다로 흘러내려가 버리기 때문에 수분마저 부족한 섬입니다.

위와 같은 환경으로 인해 독도에는 다양한 식물이 자랄 수 없었습니다. 식물도 들어오기 어려운 섬에 동물이 들어와 자리를 잡기에는 더욱 힘들었겠지요. 그래서 독도에 있는 동식물의 숫자는 그다지 많지 않습니다. 다만 하늘을 자유롭게 날아다니는 바다새의 경우 비교적 많은 종이 관찰되었습니다.

독도에서 발견된 식물은 모두 49종입니다. 그 중에서 목본류로는 해송, 붉은가시딸기, 동백, 섬괴불나무, 줄사철 등이 자라고 있습니다. 섬 전체가 바위투성이인 까닭에 뿌리 내리기가 어려워 다양한 종류의 나무가 살 수 없는 것입니다.

섬장대

초본류로는 울릉도 특산식물인 섬장대를 비롯해 민들레, 괭이밥, 강아지풀, 쑥, 쇠비름, 명아주, 질경이, 번행초 등이 자랍니다. 그런데 이 중에서 번행초의 경우 울릉도에서는 발견된 적이 없는 식물로 알려져 있습니다.

독도에서 발견된 곤충은 잠자리, 집게벌레, 메뚜기, 매미, 딱정벌레, 파리, 나비 등 93종입니다. 그리고 1981년에 발견된 독도장님노린재, 어리무당벌레, 섬땅방아벌레 등 3종은 그 때까지 우리나라에서는 볼 수 없었던 곤충이었습니다.

독도에서 볼 수 있는 조류는 107종에 이릅니다. 그 중에서 괭이갈매기의 경우는 약 1만여 마리가 모여 살고 있지요. 그 밖에도 바다제비와 슴새는 비교적 개체수가 많은 편입니다.

괭이갈매기

그리고 멸종 위기에 처해 있는 매, 벌매, 솔개, 뿔쇠오리, 올빼미, 물수리, 고니, 흑두루미 등 8종도 독도에 살고 있는데, 검은댕기해오라기와 중대백로처럼 새롭게 발견된 새들도 있습니다.

한편, 동해안의 평균 수심은 약 1,400미터 정도로 깊습니다. 하지만 독도와 울릉도 부근에서 일본 북해도 방향으로 평균 수심이 300~500미터가량 되는 비교적 얕은 바다로 대화태어장이 형성되어 있습니다. 북쪽에서 내려오는 리만 한류와 남쪽에서 올라오는 쿠로시오 난류가 바로 그곳에서 만나는 것입니다.

따라서 독도 부근 해역에서는 한류와 난류뿐만 아니라, 해저의 높낮이 때문에 심해에 있는 바닷물과 수면 부근의 바닷물이 마구 뒤섞입니다. 이러한 자연현상은 식물성 플랑크톤을 대량으로 증식시키는데, 그로 인해 동물성 플랑크톤도 풍부해지게 됩니다. 결국 독도 부근은 황금어장이 될 수밖에 없는 모든 조건을 갖추고 있는 셈입니다.

독도 부근 어장에서는 오징어, 연어, 방어, 송어, 대구, 명태, 꽁치, 돌돔, 벵에돔, 개볼락, 전복, 소라, 해삼, 문어, 상어 등 다양한 바닷고기가 잡히고 있습니다. 오징어의 경우 이곳에서의 얼마나 많은 어획량을 기록하느냐에 따라 우리나라 시장 가격이 결정될 정도입니다.

독도는 아주 작은 섬입니다. 그럼에도 불구하고 일본은 독도 영유권에 대한 억지를 끊임없이 부리고 있습니다. 그 이유는 단지 독도라는 이름의 작은 바위섬 하나를 차지하기 위해서가 아닐 것입니다.

만약 독도가 일본 영토가 된다면, 동해는 곧바로 일본해라는 이름으로 바뀔 것입니다. 나아가 독도와 울릉도 부근의 황금어장을 포함한 동해의 모든 해상 지배권은 일본으로 넘어가겠지요.

독도를 잃는 순간, 동해는 이미 우리의 바다가 아닙니다.

강치

3. 독도의 지하자원

> **Q** 독도에도 활용 가능한 지하자원이 있나요? 만약 있다면 어떤 지하자원이며, 어느 정도의 가치가 있는 것인지도 궁금합니다.

A 아주 오랜 옛날, 지구에 빙하기가 찾아왔습니다. 수온이 갑자기 떨어지면서 바다에 사는 거의 모든 해초나 플랑크톤이 죽어 갔지요. 죽은 해초와 플랑크톤은 바닷물에 이리저리 휩쓸리다 깊은 해저에 쌓였습니다.

오랜 세월에 걸쳐 쌓인 무더기는 퇴적층을 형성했고, 또 많은 시간이 흘러 퇴적층이 썩기 시작했습니다. 당연히 메탄가스가 발생했겠지요. 그런데 메탄가스는 바닷물을 뚫고 올라갈 수가 없었습니다. 심해 바닥이 워낙 저온인데다 압력 또한 무척 높았기 때문이지요. 메탄가스는 결국 물과 결합해 고체로 변했는데, 그 물질을 메탄 하이드레이트라고 합니다.

메탄 하이드레이트는 드라이아스처럼 생겼습니다. 하지만 불을 붙이면 활활 타오르지요. 그래서 '불타는 얼음'이라고 부르기도 한답니다. 그러니까 메탄 하이드레이트는 메탄가스가 심해의 저온과 고압을 만나 응축된 고체 에너지원인 것입니다.

메탄 하이드레이트 1세제곱미터를 분해하면 172세제곱미터의 메탄가스를 얻을 수 있는 것으로 알려져 있습니다. 에너지 효율이 매우 높은 얼음덩어리인 셈이지요. 나아가 메탄 하이드레이트가 연소될 때 배출되는 이산화탄소의 양도 휘발유나 천연가스에 비해 절반 수준이어서 지구 환경에 미치는 영향도 크지 않습니다.

지구상에 매장된 메탄 하이드레이트의 총량은 약 10조 톤 정도로 추정하고 있습니다. 메탄 하이드레이트가 차세대 에너지로 개발된다면 전 세계인이 5,000년 동안 쓸 수 있는 어마어마한 양이지요. 그래서 일부 학자들은 석탄과 석유에 이어 21세기는 메탄 하이드레이트가 주요 에너지원이 되는 시대가 될 것으로 예측하기도 합니다.

그처럼 대단한 에너지원인 메탄 하이드레이트가 독도 근방 해저에 매장되어 있습니다. 매장량은 최소 6억 톤 이상일 것으로 예측하고 있는데, 이는 우리나라의 모든 에너지원을 메탄 하이드레이트로 한다고 하더라도 30년 동안은 넉넉하게 쓰고도 남을 만한 양입니다.

그런데 문제가 있습니다. 메탄 하이드레이트는 매우 불안정한 구조를 갖고 있다는 점이지요. 그래서 바다 밑에 매장된 상태 그대로의 압력과 온도를 고스란히 유지한 상태에서 채취해야만 합니다. 자칫 잘못해서 용해될 경우 상상을 초월할 만큼의 메탄가스가 대기 중으로 방출되어 지구 역사상 최악의 참사로 이어질 수도 있습니다.

메탄 하이드레이트

따라서 메탄 하이드레이트를 에너지원으로 사용하기에는 아직 많은 시간이 필요합니다. 우리나라를 비롯해 세계 여러 국가에서 메탄 하이드레이트 개발에 심혈을 기울이고 있지만, 그 수준이 아직 초기 단계를 벗어나지 못하고 있기 때문이지요.

일본은 이미 오래 전에 독도 인근 해역에 엄청난 양의 메탄 하이드레이트가 매장되어 있다는 사실을 알고 있었습니다. 나아가 일본은 메탄 하이드레이트 개발의 선두주자입니다. 세계 최초로 메탄 하이드레이트에서 메탄가스를 추출에 성공한 나라이기도 합니다.

메탄 하이드레이트는 동해의 풍부한 수산자원과 함께 일본이 독도 영유권을 끊임없이 주장하고 있는 이유 중 하나임이 분명해 보입니다. 독도가 일본 영토가 된다면 우리 국민이 30년 동안 사용할 수 있는 에너지원을 통째로 차지할 수 있기 때문입니다.

4. 독도의 명칭 변화

Q 오늘날 우리가 부르고 있는 '독도'라는 이름이 처음부터 사용되지는 않았던 것으로 알고 있습니다. 독도의 옛 이름은 무엇이었으며, 언제 어떻게 바뀌었는지 궁금합니다.

A 독도의 운명은 늘 울릉도와 함께했습니다. 사람이 살고 있는 섬으로는 가장 가까운 87.4킬로미터 거리에 있는 섬이 바로 울릉도이기 때문이지요.

울릉도는 서기 512년까지 우산국이라는 나라였습니다. 우산국은 강원도와 경상도 출신 유민들에 의해 세워진 것으로 추정하고 있습니다. 하지만 제대로 된 체계를 갖춘 나라라기보다는, 유사시에 주민들이 힘을 합해 섬을 지키며 생업을 이어가는 수준이었던 것으로 짐작하고 있습니다.

동해의 작은 섬나라 우산국은 지증왕 13년인 서기 512년 6월, 신라의 지방 군주이자 장군인 이사부에 의해 정벌됩니다. 이사부 장군이 배에 싣고 온 나무 사자의 무서운 생김새에 놀란 우산국 주민들이 싸움을 포기하고 항복하는 바람에, 서로 맞부딪쳐 피를 흘리거나 목숨을 잃는 끔찍한 전쟁은 피할 수 있었습니다.

그 후 우산국은 신라의 영토로 귀속됩니다. 그와 동시에 우산국이라는 이름 대신 울릉도로 불리게 되지요. 나아가 남동쪽에 홀로 떨어져 있는 섬 독도는 우산도라는 이름이 주어집니다.

1454년 편찬된 〈세종실록지리지〉에는 '우산과 무릉이라는 두 섬이 울진현 동쪽 바다 한가운데 있다'고 기록하고 있고, 1530년에 편찬된 〈신증동국여지승람〉은 〈세종실록지리지〉의 내용을 확인하고 있습니다.

그 후 독도는 삼봉도, 우산도, 가지도 등으로 불렸는데, 1899년(광무 3년)의 신식교육기관의 중등과정 교과서에 삽입되어 있는 대한 전도를 보면, 울릉도 옆에 우산이라고 표기된 독도를 발견할 수 있습니다. 나아가 1900년 고종황제의 칙령 41조에 의해 독도는 공식적으로 강원도 울릉군의 부속 도서로 편입되었습니다.

'독도'라는 지명은 1906년 울릉군수 심흥택이 처음으로 사용했습니다. 그 당시 울릉도 주민의 약 80퍼센트가량이 전라남도 해안지역인 거문도와 낙안 등지에서 옮겨 온 사람들이었습니다. 전라도에서는 '돌'을 '독'이라고 발음합니다. 그 방언이 울릉도로 옮겨져 돌로 된 섬 우산도를 '독섬'이라고 부르곤 했지요.

그래서 울릉군수 심흥택은 대다수의 주민들이 부르는 '독섬'을 살려 한자어로 '독도'라고 표기해 행정 처리를 하게 된 것입니다. 그러니까 독도라는 이름은 1906년 이후에 붙여진 이름입니다. 그 후 울릉도와 독도는 1914년 행정구역 개편과 함께 경상북도에 편입되어 오늘날에 이르고 있습니다. 그러니까 독도의 명칭은 512년부터 우산도라고 했다가 1471년 이후로는 삼봉도가 되었습니다. 그리고 1794년부터는 가지도라는 이름으로 부르다가 1900년에는 석도라고 명명했지요.

그 후 1906년부터는 지금의 독도가 정식 명칭으로 사용되고 있습니다.

한편, 프랑스에서는 독도를 '리앙크루 암'이라고 합니다. 1849년 프랑스의 포경선 리앙쿠르 호가 처음으로 독도를 발견하게 되었는데, 배 이름을 본떠서 리앙크루 암이라 부르게 된 것입니다. 영국의 경우 호네트 호가 독도를 처음으로 보았습니다. 그래서 영국 사람들은 독도를 '호네트 암'이라 부르고 있습니다.

독도 영유권을 주장하고 있는 일본에서는 자주 바뀐 독도의 이름을 두고 트집을 잡기도 합니다. 독도가 우리 땅임을 증명하는 옛날 자료에 독도의 명칭이 달리 표시되어 있기 때문이지요. 하지만 그 자료들은 다른 나라에 공표하기 위해 만든 것이 아닙니다. 우리나라 내부 문서인 것입니다. 따라서 시대의 변천에 따라 당시의 사람들이 부르던 대로 기록하는 것은 너무나 당연한 일입니다.

독도가 과거에 어떤 이름으로 불렸든 상관없습니다.

가장 중요한 점은 독도가 단 한 번도 한반도의 부속 도서가 아니었던 적이 없다는 사실입니다.

5. 시마네 현의 '다케시마의 날'

> **Q** 일본에는 독도를 지칭하는 '다케시마의 날'을 정해 기념하고 있다고 합니다. 이에 대해 우리나라에서는 어떤 방법으로 대응하고 있는지 궁금합니다.

A 2005년 3월 16일, 일본 시마네 현 의회는 매우 특별한 조례안을 가결시켰습니다. '다케시마의 날' 조례안이 의회를 통과하면서 1년에 한 번씩 정식으로 다케시마를 기념할 수 있게 된 것입니다.

다케시마는 일본인들이 부르는 독도의 명칭입니다. 그러니까 우리 땅 독도를 바다 건너 일본 사람들이 특별한 날짜까지 지정해 기념하는 이상한 일이 벌어진 것입니다. 날짜도 1905년 2월 22일 독도를 일본의 시마네 현으로 편입해 고시했던 바로 그 날로 정한 것입니다.

시마네 현 의회가 가결시킨 조례안의 내용은 다음과 같습니다.

> 1조 : 시마네 현에 사는 모든 사람이 하나가 되어 다케시마 영토권 조기 확립을 목표로 하는 운동을 추진하는 한편, 다케시마 문제에 대한 여론을 국민적으로 확대시키기 위해 '다케시마의 날'을 정한다.
>
> 2조 : '다케시마의 날'은 매년 2월 22일로 한다.
>
> 3조 : 시마네 현은 '다케시마의 날'의 취지에 맞는 시책을 강구하고, 행사 준비에 만전을 기한다.

시마네 현 의회에서 '다케시마의 날' 조례안이 통과되자 우리나라와 일본 사이에 이루어지고 있었던 수많은 교류가 중단되었습니다. 교도 통신사는 2005년 4월 16일, 무려 20여 건을 훌쩍 넘겨 버린 한일 간의 교류 취소 사태를 상세하게 보도했습니다.

취소된 내용도 가지각색이었습니다. 양국 초중등학교의 교류 이벤트에서부터, 각 지방자치단체들의 직원 상호 파견이나 상대국 단체장의 방문, 나아가 음악과 스포츠 대회 참가에 이르기까지 거의 모든 교류가 중단되어 버린 것입니다.

한편, 우리나라의 민간단체인 독도수호대는 1900년 10월 25일 대한제국 고종황제가 칙령 41호를 제정해 울릉군 관할 구역에 독도를 포함시킨 것을 기념하기 위해 일본 시마네 현 의회가 다케시마의 날을 제정하기 5년 전인 2000년에 매년 10월 25일을 '독도의 날'로 정했습니다.

그 후 2004년에는 독도의 날을 국가 기념일로 제정해 달라는 청원서를 국회에 접수하는 한편, 천만인 서명운동을 시작했지요. 그리고 2010년에는 한국교원단체총연합회를 비롯한 여러 민간단체가 공동으로 10월 25일을 '독도의 날'로 선포했습니다.

정부나 지방자치단체 차원에서는 경상북도 의회가 '독도의 달'을 매년 10월로 하는 조례를 2005년 6월 9일에 통과시켰을 뿐, 그 밖의 대응은 전혀 찾아볼 수 없습니다. 이는 독도를 일본과의 영토분쟁 지역으로 만들지 않으려는 우리 정부의 의지 때문인 것으로 알려져 있습니다.

일본은 기회만 있으면 독도의 영유권을 주장하며 시끄럽게 떠들어대곤 합니다. 어떻게든 독도를 영토분쟁 지역으로 만들어 국제무대로 끌고 나가면, 막강한 경제력을 앞세운 자기네들이 우리보다 상대적으로 유리할 것이기 때문입니다.

하지만 그런 일본의 속내를 익히 알고 있는 우리 정부는, 일본이 아무리 떠들어도 적극적인 반응을 보이지 않기 위해 애를 쓰고 있습니다. 어차피 독도는 우리 영토일 뿐만 아니라, 오늘날 우리가 실효지배를 하고 있기 때문에 무력 침공만 아니라면 참고 또 참는 것이지요.

그런데 일본의 거듭된 망언을 멈추게 할 해결책이 하나 있습니다. 그것은 바로 우리나라가 일본을 넘어서는 경제대국이 되는 것입니다.

6. 대마도 영유권 주장

Q 일본의 독도 영유권 주장에 대해, 우리는 대마도 영유권을 주장해야 한다는 의견이 있습니다. 실제로 우리나라 초대 대통령 이승만 박사는 일본에 대마도 반환을 여러 차례 요구했다는데, 그 자세한 내용을 알고 싶습니다.

A 대마도는 우리나라인 한반도와 일본 열도 사이의 대한해협 중간에 자리하고 있는 섬입니다. 한반도와의 거리 약 50킬로미터에 일본 열도와의 거리는 약 130킬로미터인 이 섬은 오랜 세월 동안 양국에 완전하게 소속되지 않은 채 중간자적 입장을 유지하면서 두 나라와 교역을 하고, 양국의 행정기관을 동시에 받아들이는 등 중립적인 위치를 취해 왔지요.

고려 말에는 조공을 바치는 대가로 쌀을 얻어 갔으며, 조선 초기에는 임금이 대마도주에게 임명장을 하사한 적도 있습니다. 하지만 임진왜란 발발과 함께 대마도는 일본 수군의 근거지가 되었고, 그 후 조선의 영향력은 급속하게 약화되었습니다.

대마도는 메이지 유신과 함께 일본의 영토로 편입되었습니다. 우리 한반도와 예전처럼 독자적으로 교류할 수 있는 자격을 상실한, 6천여 개에 달하는 일본의 부속 섬 가운데 하나가 되어 버린 것입니다.

대마도의 역사를 자세하게 알고 있던 대한민국 초대 대통령 이승만 박사는 정부가 수립된 지 사흘이 지난 1948년 8월 18일 성명을 통해 '대마도는 한국 땅이므로 속히 반환하라'고 주장합니다. 이에 대해 일본내각이 항의를 하자 9월 9일에는 오히려 '대마도 속령에 관한 성명'을 발표하지요. 그리고 이듬해인 1949년 1월 7일 연두 기자회견에서 또다시 대마도 반환을 요구합니다.

'전후 배상문제는 임진왜란부터 계산하는 것이 옳다. 그리고 대마도는 별도로 취급해야 한다. 본래 우리 땅이었던 대마도를 350년 전에 일본인들이 침입해 왔다. 이에 대마도민들은 힘을 합해 싸웠고, 섬을 지켜낸 사실을 기념하기 위해 대마도 곳곳에 비석을 세워 놓았다. 대마도가 일본 땅이라면 대마도 사람들이 힘을 모아 싸웠겠는가? 그 비석들은 지금 도쿄 박물관에 있다. 대마도를 자신의 영토로 편입시킨 일본인들이 뽑아다 옮겨 놓은 것이다. 나는 그 비석까지 찾아올 생각이다.'

그 후로도 이승만 대통령의 대마도 반환 요구는 계속되었습니다. 1949년 12월 31일, 대통령 연말 기자회견에서는 더욱 강경한 어조로 대마도 반환을 요구합니다.

'대마도 반환 요구는 우리나라의 잃어버린 영토를 회복하려는 것이다. 이 문제는 대일 강화회의를 통해 해결할 수 있다. 오늘날 일본은 억지를 부리고 있지만, 역사를 이겨 내지는 못할 것이다.'

60여 차례에 걸쳐 반복된 이승만 대통령의 이와 같은 주장은 중국 여론의 지지까지 얻어 냈습니다. 게다가 당시의 일본은 패전 직후의 불안정한 상태였기 때문에 대마도가 한반도의 부속 도서라는 사실을 상당 부분 인정하기에 이릅니다.

그래서 일본 정부는 '국경 쓰시마 방위와 개발에 관한 건'이라는 내부 문서에서 이승만 대통령의 거듭된 대마도 반환 요구에 대해 '만약 유엔이 승인한다면 대마도를 일본 영토에서 제외할 수 있다.'라고 언급하고 있습니다.

하지만 이승만 대통령의 요구는 당시 일본에 주둔하고 있던 미국 맥아더 사령부의 반대로 무산되고 말았습니다.

일본 시마네 현 의회가 다케시마의 날을 제정한 지 이틀이 지난 2005년 3월 18일, 경상남도 마산시 의회는 '대마도의 날' 조례안을 긴급 상정해 통과시켰습니다. 대마도의 날 조례는 조선 건국 초기의 장군이었던 이종무가 대마도를 정벌하기 위해 마산포를 떠난 6월 19일을 대마도의 날로 정한 것입니다. 이에 우리나라 외교통상부는 '불필요한 논란을 유발할 가능성이 높다'면서 자제를 부탁했습니다.

은주는 동해 가운데 있는데, 오키 섬이라고 부른다.
북서 방향으로 1박 2일 동안 가면 독도가 있다. 또 하루를 가면 울릉도가 있다.
이 두 섬에는 사람이 살지 않는데, 두 섬과 조선의 관계는 마치 운주와
은주처럼 밀접하다. 따라서 일본의 북서쪽 경계는 이주(此州)를 끝으로 삼는다.

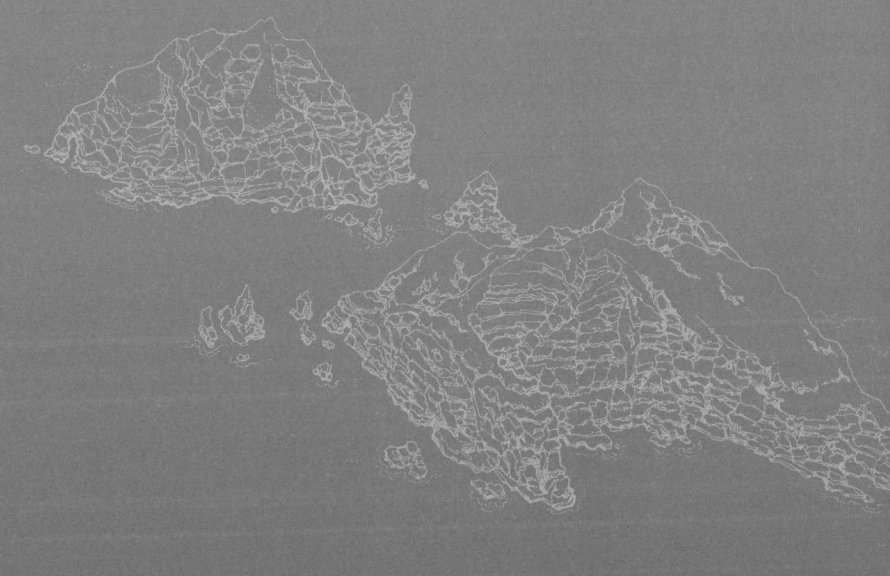

제2부 기록으로 찾아본 독도

7. 삼국사기와 독도
8. 독도는 조선 땅 – 일본 태정관 문서
9. 일본의 경계는 오키 섬– 〈은주시청합기〉
10. 어부들의 마찰과 돗토리번 답변서
11. 조선의 울릉도 쇄환정책
12. 독도 지킴이 안용복
13. 대한제국 칙령 제41호
14. 시마네 현 고시 제40호
15. 울릉도 군수의 독도 관련 보고서
16. 독도를 찾아볼 수 없는 일본의 옛 지도
17. 〈신증동국여지승람〉과 독도
18. '동국도'와 독도
19. '조선전도(각도지도)'와 독도
20. '팔도전도'와 독도
21. '대조선국전도'와 독도
22. 프랑스 지리학자 당빌의 지도와 독도

삼국사기와 독도

Q 독도와 관련된 가장 오래된 기록은 무엇이며, 어떤 내용을 담고 있는지 궁금합니다.

A 독도를 언급하고 있는 가장 오래된 기록은 우리나라 최초의 역사서 삼국사기입니다. 신라의 지방 관료로 임명된 장군 이사부가 오늘날의 울릉도인 우산국을 정벌할 당시를 기록하면서 부속 섬 독도를 언급하고 있는 것입니다.

이사부 장군은 내물왕의 증손자로, 신라의 영토 확장에 큰 공을 세운 인물입니다. 그는 오늘날의 울릉도인 우산국 정벌 이외에도 고구려의 도살성과 백제의 금현성을 점령했고, 낙동강 하류 지역을 차지하고 있던 가야를 복속시키면서 백제와 균형을 이룰 수 있게 했습니다.

나아가 단양신라적성비에는 이사부가 549년에 파진찬과 아찬, 그리고 김유신의 할아버지인 무력 등 수하 무장들을 이끌고 한강 상류지방을 평정해 신라의 영토를 크게 넓혔다고 밝혀 놓았습니다.

삼국사기를 보면 신라 지증왕 13년인 서기 512년에 아슬라주의 군주 이사부가 우산국 정벌을 계획했다고 적고 있습니다. 그러니까 오늘날의 강릉과 속초 지방의 최고 관리로 임명된 이사부가 그때까지 신라에 복속하지 않고 있던 울릉도 평정을 계획한 것입니다.

그런데 이사부 장군은 우산국에 살고 있는 사람들의 성향이 매우 우직한데다 사납기까지 하다는 정보를 입수하게 됩니다. 그래서 무력으로 우산국을 제압하려면 아군의 피해도 상당할 것이라는 판단을 내립니다.

배를 타고 바다를 건너간 뒤, 현지의 지형과 물에 익숙한 섬사람들과 싸움을 해야 할 상황이니 그런 생각을 하지 않을 수 없었겠지요. 이사부 장군은 그래서 꾀를 써서 우산국을 복속시키겠다는 결심을 합니다.

그로부터 얼마 후, 이사부 장군은 나무로 만든 사자를 배에

잔뜩 싣고 바닷길을 떠납니다. 우산국을 정벌하기 위해 출전을 한 것입니다. 우산국 연안에 도착한 이사부 장군은 적군의 병사들을 향해 큰 소리로 외칩니다. '만약 항복하지 않으면 사납기가 세상에서 제일이라는 이 맹수들을 풀어 모든 섬사람들을 물어뜯게 하겠다!' 며 으름장을 놓은 것입니다.

무시무시하게 생긴 사자라는 맹수를 처음 본 우산국 사람들의 어깨에서 힘이 빠집니다. 사자의 험악한 생김새에 기가 질려 싸울 엄두조차 낼 수 없었던 거지요. 그렇게 해서 이사부 장군은 피 한 방울 흘리지 않고 우산국 정벌에 성공합니다.

우산국은 그 때부터 신라의 영토가 되었습니다. 삼국사기는 신라 장군 이사부의 우산국 정벌 내용을 수록하면서, 우산도라는 이름으로 불리고 있는 우산국의 부속 섬 독도를 처음으로 기록하고 있습니다.

기회가 있을 때마다 독도 영유권을 주장하고 있는 일본 정부도 자신들의 주장이 얼마나 어처구니없는 주장인지 알고 있습니다. 하지만 일단 저질러놓고 보는 것이 일본 정부의 습성입니다.

그래서 러시아와는 쿠릴열도를 두고 영토분쟁을 벌이고 있고, 중국과는 조어도를 놓고 싸움을 하고 있습니다. 영토분쟁을 일으켜 국제무대로 끌고 가 이기면 대박이고, 진다고 하더라도 크게 손해 볼 것이 없다는 게 일본 정부의 계산인 듯합니다.

8. 독도는 조선 땅 - 일본 태정관 문서

> **Q** '독도는 조선 땅'이라고 명확하게 밝혀 놓은 일본의 태정관 문서가 있다고 합니다. 태정관은 어떤 기관이며, 그 문서에는 어떤 내용이 담겨 있는지 궁금합니다.

A 태정관은 일본 최초로 중앙집권 체제를 확립한 메이지 정권의 국가기관입니다. 태정관은 당시 입법과 사법, 그리고 행정에 이르기까지 나라의 모든 업무를 두루 관장했던 최고 권력기관이었지요.

1877년 3월 29일, 태정관은 독도가 조선의 영토라는 최종 결론을 내립니다. 나아가 그 결과를 문서로 작성해 하부 기관에 내려 보냈는데, 그것을 독도와 관련된 '태정관 문서'라고 부르고 있습니다.

　독도와 관련된 태정관 문서가 작성된 경위를 살펴보면 다음과 같습니다.

　1868년 1월, 막부정권을 무너뜨린 메이지 정부가 일본을 장악합니다. 그 이듬해인 1869년 12월, 메이지 정부의 총리대신과 외무대신은 외무성 관리들을 사신 형식으로 조선에 파견합니다.

　일본 사신들은 양국 사이에 갈등의 소지가 있는 현안 14가지에 대해 은밀하게 정탐한 뒤 보고하라는 밀명을 함께 받습니다. 그 항목 중에는 '울릉도와 독도가 조선 영토로 되어 있는 제반 사항 조사'도 포함되어 있었습니다. 그 항목의 내용을 뒤집어 보면, 1869년 이전에도 독도는 조선 땅이었다는 사실이 증명되는 셈입니다.

　어쨌든 조선을 방문한 사신들은 상부의 지시에 따라 철저한 조사를 했고, 귀국한 뒤 〈조선국 교제시말 내탐서〉라는 보고서를 만들어 보고했습니다. 이러한 사실들은 일본 정부가 발행한 일본 외교문서에 고스란히 수록되어 있습니다.

　한편, 메이지 정부는 1876년부터 일본의 전 국토에 대한

정밀한 지도와 지적도를 작성하기 위해 전국의 모든 현에 지도와 지적도를 만들어 보고하라는 명령을 내렸습니다.

상부기관의 명령을 받은 시마네 현 관계자들은 동해 한가운데 있는 섬 울릉도와 독도 표기 문제 때문에 의견이 엇갈립니다. 그래서 시마네 현 지도에 두 섬을 포함할 것인가 제외할 것인가를 결정해 달라는 내용의 질의서를 내무성에 보내게 됩니다.

이에 내무대신은 반년에 가까운 검토 끝에 울릉도와 독도는 조선 영토이기 때문에 일본과는 관계없는 땅이라는 결론을 내렸고, 총리대신 역시 울릉도와 독도는 조선 영토이니 그러한 사실을 관리들에게 주지시키라는 지령문을 작성해 내려 보냈습니다.

1877년 3월 29일 작성된 이 지령문은 메이지 유신의 최고 지도자 중 한 사람이었던 태정관 우대신 이와쿠라 도모미의 도장이 찍혀 내무성으로 보내졌고, 일본 내무성은 태정관의 지령문을 1877년 4월 9일 시마네 현에 내려 보내 독도에 대한 영토 결정권을 종결했습니다.

이 문서는 독도가 주인이 없는 땅이어서 1905년 일본 영토로 편입했다는 일본의 주장이 날조된 것임을 확실히 증명하고 있습니다.

　오늘날의 일본 정부는 눈앞에 있는 실리를 얻기 위해 자신들을 낳아 준 선조들의 판단과 결정마저 헌신짝 버리듯 내팽개치고 있습니다. 태정관 문서처럼 명확한 근거가 상대국이 아닌 자신들의 정부 문서에 확실하게 남아 있습니다. 그럼에도 불구하고 끊임없이 독도 영유권을 주장하고 있는 그들의 말에 귀기울여 줄 사람이 지구상에 과연 몇 명이나 될지, 자못 흥미롭습니다.

9. 일본의 경계는 오키 섬- 〈은주시청합기〉

> **Q** 독도와 관련된 일본의 문헌 중 가장 오래된 것은 무엇이며, 그 문헌에서는 독도에 대해 어떤 기록을 남기고 있는지 궁금합니다.

A 독도와 관련된 내용을 담고 있는 일본 문헌 중에서 가장 오래된 것은 〈은주시청합기(隱州視聽合紀)〉입니다. 〈은주시청합기〉는 운주(雲州)의 관원이었던 사이토 호센이라는 인물이 상관의 명령을 받아 1667년 8월부터 약 두 달 동안 은주(隱州)를 순시하면서 자신이 직접 보고 들은 내용을 정리해 보고한 기록입니다.

이 기록에 등장하는 은주는 오늘날의 오키 섬인데, 당시의 오키국(隱州國)을 지칭합니다. 운주 역시 이즈모국(國)을 가리키며, 오늘날 시마네 현의 이즈모시입니다. 옛날에 일본에서 사용했던 국(國)의 개념은 주(州)와 같은 의미로 쓰였습니다.

1667년에 편찬된 〈은주시청합기〉는 일본의 북서쪽 경계를 설명하면서 울릉도의 일본식 이름인 다케시마와 독도인 마츠시마에 대해 다음과 같이 기록하고 있습니다.

> 은주는 북해 가운데 있는데, 오키 섬이라고 한다.
> 술해 사이를 두 낮 한 밤을 가면 마츠시마(松島)가 있다.
> 또 한 낮거리에 다케시마(竹島)가 있다.
> 이 두 섬에는 사람이 살지 않는데,
> 고려를 보는 것이 마치 운주에서 은주를 보는 것과 같다.
> 그러므로 일본의 건지(乾地)는 이주(此州)를 끝으로 삼는다.

이 부분을 알기 쉽게 풀어 쓰면 다음과 같습니다.

> 은주는 동해 가운데 있는데, 오키 섬이라고 부른다.
> 북서 방향으로 1박 2일 동안 가면 독도가 있다.
> 또 하루를 가면 울릉도가 있다.

이 두 섬에는 사람이 살지 않는데,

두 섬과 조선의 관계는 마치 운주와 은주처럼 밀접하다.

따라서 일본의 북서쪽 경계는 이주(此州)를 끝으로 삼는다.

여기에서 문제가 되는 것은 마지막 문장의 '이주(此州)'입니다. 이 단어가 오키 섬을 지칭하고 있다면 '일본의 북서쪽 경계는 〈오키 섬〉을 끝으로 삼는다'가 되어 당시의 일본 사람들이 독도를 조선의 영토로 여기고 있음을 증명할 수 있고, 울릉도를 가리키고 있다면 '일본의 북서쪽 경계는 〈울릉도〉를 끝으로 삼는다'가 되어 독도를 일본 영토라고 간주했을 것이기 때문입니다.

그런데 일본 나고야대학 이케우치 사토시 교수가 2006년에 〈은주시청합기〉에서의 '이주(此州)'는 오키 섬을 가리킨다는 내용의 논문을 발표했습니다. 그는 논문에서 '〈은주시청합기〉에는 주(州)라는 글자가 모두 66번 사용되었는데, 그 가운데 65개가 나라(國)를 의미하고 있다'고 밝혔습니다.

따라서 '해석이 분분한 이주는 나라의 의미로 쓰였다. 그런데 당시 울릉도에는 사람이 살지 않았다. 그러므로 울릉도를 나라로 표현했을 가능성은 전혀 없다. 이주는 오키국을 가리키고 있다.'고 결론을 내렸습니다.

이케우치 사토시 교수가 이 논문을 발표한 이후, 오늘날까지 학술적으로 반론을 제기하거나 비판한 학자는 없습니다. 결국 이케우치 사토시 교수의 논문이 옳다는 사실이 증명됨과 함께, 일본의 북서쪽 경계는 오키 섬을 끝으로 삼는다는 〈은주시청합기〉의 내용이 확인된 셈입니다.

〈은주시청합기〉는 대한민국에서 편찬한 자료가 아닙니다. 1667년에 일본 사람이 일본 지역을 순시한 뒤 상부에 올린 보고서입니다. 게다가 일본인 학자가 그 내용을 확인해 증명해 주었습니다.

그럼에도 불구하고 일본 정부는 독도에 대한 영유권을 끈질기게 주장하고 있습니다. 그것도 이미 증명된 〈은주시청합기〉의 북서쪽 경계를 운운하면서 말입니다. 그들이 무슨 생각을 하고 있는 것인지 참으로 모를 일입니다.

10. 어부들의 마찰과 돗토리번 답변서

> **Q** 일본 사람들 스스로 독도는 일본 영토가 아니라는 사실을 밝힌 '돗토리번 답변서'라는 것이 있다는데, 돗토리번 답변서가 무엇인지 알고 싶습니다.

A 조선은 건국을 한 이후 울릉도에 대해 섬을 비우는 쇄환정책을 펼칩니다. 쇄환정책이란 섬에 있는 백성들을 본토로 들어오게 해 섬을 비우는 정책으로, 태종과 세종 재위 당시 주로 이루어졌습니다.

그 후 울릉도와 독도는 사람이 살지 않은 무인도가 되었고, 어부들의 조업만 이루어지곤 했지요. 울릉도가 빈 섬이 되자 1620년 무렵부터 일본 어민들도 해당 관청에 울릉도 도해를 허락받은 뒤 바다를 건너와 고기잡이를 했습니다.

1693년 3월, 경상남도 동래 출신 어부 안용복은 동료 40여 명과 함께 배를 타고 울릉도 해역으로 나가 고기잡이를 하기 시작합니다. 그런데 마침 일본에서 건너온 어부들과 바다 가운데서 만나 조업권을 두고 싸움을 벌이게 되었고, 숫자에서 밀린 조선 어부들 중 안용복과 박어둔 두 사람이 일본으로 끌려가게 됩니다.

　안용복은 어렸을 때 동래 왜관과 가까운 곳에 살았기 때문에 일본말을 매우 잘했습니다. 그래서 안용복은 일본말로 조선 땅 울릉도에서 조선 어부가 고기를 잡는데 무엇 때문에 잡혀 있어야 하느냐며 강력하게 따지고 듭니다. 이에 당황한 일본인 관리는 안용복이 주장한 내용을 막부에 보고한 뒤 나가사키로 이송시킵니다.

　그 당시 일본을 통일한 에도 막부는 조선과의 외교적 마찰이 생기는 것을 달갑지 않게 여겼습니다. 그런데 어부들 몇 명 때문에 예상치도 않았던 울릉도 분쟁이 발생하자 마무리를 서두릅니다.

　1695년 12월, 일본의 막부는 지방 관청인 돗토리번에 문서를 보내 묻습니다. 울릉도가 돗토리번에 속하는지, 그리고 돗토리번에 속하는 다른 섬은 없는지에 대한 답변을 요구한 것입니다.

막부의 질의서를 받은 돗토리번에서는 그 곧바로 '울릉도와 독도는 돗토리번 소속 섬이 아닙니다. 울릉도와 독도는 물론이려니와, 그 외에도 돗토리번에 속한 섬은 없습니다.' 라는 답변서를 작성해 보고합니다.

이것이 바로 '돗토리번 답변서' 입니다. 울릉도와 독도가 일본의 영토가 아님을 명확하게 밝혀 막부에 보고한 것이지요.

돗토리번에서 올라온 답변서를 확인한 에도 막부는 1696년 1월, 모든 어부들에게 울릉도 인근 해역에서의 고기잡이 금지 명령을 내리면서 울릉도 도해 역시 허가를 내주지 않기로 결정합니다.

결국 울릉도와 독도가 조선의 영토임을 인정하는 한편, 외교적 마찰을 방지하기 위해 불법어업 금지 조치를 취한 것입니다.

일본 막부 정권이 울릉도와 독도가 조선 땅임을 곧바로 인정하고, 자국민들의 어로 행위를 금지시킨 것은 지극히 당연한 일입니다.

  비록 칼의 힘으로 권력을 잡은 막부정권이지만, 이웃나라에 대한 최소한의 예의는 지킬 줄 알았던 모양입니다. 지금의 일본 정부와는 다르게 말입니다.

11. 조선의 울릉도 쇄환정책

> **Q** 울릉도와 관련된 조선의 쇄환정책은 무엇이며, 그 정책이 왜 독도 영유권 문제와 관계가 있는지 궁금합니다.

A 쇄환이라는 말을 사전에서 찾아보면 '나라 밖에서 떠돌아다니는 동포를 데리고 돌아오는 일', 또는 '도망한 노비를 찾아서 주인에게 돌려주는 일'이라고 설명하고 있습니다.

조선 조정이 울릉도를 대상으로 시행했던 쇄환정책이란 한 마디로 울릉도에 살고 있는 주민들을 본토인 한반도로 이주시키기 위한 정책입니다. 그러니까 울릉도를 사람이 살지 않는 섬으로 비워 둔다고 해서 공도정책이라 부르기도 합니다.

이러한 쇄환정책은 고려 말엽부터 조선 초기에 주로 이루어졌는데, 울릉도에 주민이 거주하면 그곳을 침입한 왜구가 주민들의 도움을 받아 강원도를 비롯한 동해안을 침략할 수도 있다는 생각 때문이었습니다.

또 한 가지 이유는 울릉도가 육지에서 워낙 멀리 떨어져 있었기 때문에 그곳에 살고 있는 주민들에게는 세금을 제대로 거두어들일 수 없을 뿐만 아니라, 각종 부역에도 동원할 수가 없었던 까닭이었지요.

그렇다고 해서 울릉도를 비롯한 육지와 멀리 떨어져 있는 섬에 사람이 전혀 없는 것은 아니었습니다.

조정의 강력한 쇄환정책에도 불구하고 끊임없이 주민이 생겨났고, 관청에서는 그들을 범법자로 인식해 발견되는 즉시 쇄환하는 일이 반복되곤 했습니다.

그렇다고 해서 조선이 울릉도에 대한 영유권을 포기한 것은 아니었습니다. 조선 조정에서는 정기적으로 관리를 보내 울릉도의 현지 상황을 점검하면서 왜구들의 동태를 파악하는 등 섬에 대한 관할권을 행사하고 있었지요.

무릉등처안무사, 또는 무릉도순심경차관 등이 울릉도에 파견된 특별 관리였습니다. 그런데 일본에서는 조선 조정이 300여 년 동안 실시한 쇄환정책을 자신들의 주장에 꿰맞추기 위해 영유권 포기로 간주하는 한편, 실효적 지배의 단절이라는 억지 주장을 하고 있는 것입니다.

또한 조선 조정이 쇄환정책을 울릉도에만 적용했던 것이 아닙니다. 남해의 많은 섬들 역시 쇄환정책의 적용 대상이었지요. 그러다가 19세기부터 군을 설치했습니다. 완도군과 돌산군, 그리고 지도군을 새로 설치하자 오랫동안 비어 있던 섬에 주민들이 들어오기 시작했던 것입니다.

일본의 주장대로라면 울릉도와 독도는 물론, 남해의 수많은 섬들도 오랜 세월 비워 두었으므로 영유권을 포기한 것으로 간주해야 합니다. 나아가 독도의 경우처럼, 조선이 영유권을 포기한 섬은 일본의 영토이므로 남해의 많은 섬들도 일본 영토가 되는 것이 옳겠지요.

그러면 입장을 바꾸어 7천여 개에 이르는 일본의 섬들 중에서 사람이 살 수 없거나 살지 않는 모든 무인도에 대해 우리 정부가 '일본 국민이 살고 있지 않아 영유권을 포기하는 것으로 간주하는 한편, 실효적 지배권이 단절된 것으로 판단되기 때문에 대한민국 영토로 한다.' 고 주장하면 일본 정부의 반응이 어떨지 무척 궁금합니다.

12. 독도 지킴이 안용복

> **Q** 독도 이야기가 나올 때마다 빼놓지 않고 등장하는 안용복이라는 인물이 있습니다. 그는 어떤 사람이며, 무슨 일을 했는지 궁금합니다.

A 경상남도 동래 출신 어부 안용복은 1693년 봄, 울릉도 인근 바다에서 동료들과 고기잡이를 합니다. 그런데 우연히 일본에서 온 배를 만나게 되고, 조업권을 둘러싸고 다툼을 벌이다 일본으로 끌려가는 신세가 됩니다. 일본 어부들의 숫자가 많아 싸움에서 지고 말았던 것이지요.

일본 호키주 관아에 갇히게 된 안용복은 도와줄 사람 하나 없는 왜국임에도 불구하고 '울릉도는 조선 땅이고, 나는 조선 사람이다. 우리 땅 우리 바다에서 고기잡이를 하는 나를 이곳에 가두는 것은 옳지 않은 일이다!'며 큰소리를 쳤습니다.

　동래 왜관과 가까운 곳에서 태어나 자란 탓에 안용복은 일본말을 유창하게 할 수 있었습니다. 일본 호키주 관원들은 안용복의 말에 대꾸할 거리가 없었습니다. 그래서 막부에 보고를 했고, 전후 사정을 확인한 막부에서는 안용복을 나가사키로 이송한 뒤 쓰시마를 통해 조선으로 보내라면서, 울릉도는 일본 영토가 아니라는 서신을 써 주라는 지시를 내렸습니다.

　하지만 안용복은 조선으로 돌아오던 도중에 나가사키에서 받은 서신을 잃어버렸고, 일본으로 끌려간 지 아홉 달 만에 돌아온 안용복을 기다리는 것은 곤장 100대였습니다. 나라의 허락을 받지 않고 마음대로 국경을 넘은 죄를 지었다는 것이었지요.

　일본에서 돌아온 지 3년이 지난 1696년, 울릉도 해역으로 고기잡이를 나간 안용복은 또다시 일본 어부들과 마주쳤습니다. 이에 화가 난 안용복은 스스로 일본 어부들이 타고 온 배에 올랐습니다.

　두 번째로 일본 땅을 밟은 안용복은 호키주의 번주를 만나 자신을 울릉도와 우산도의 감세관이라고 소개했습니다. 그러고는 일본 어민들의 불법 어로행위를 강력하게 항의를 했지요. 이러한 모든 사실은 당연히 막부에 보고가 되었습니다.

이처럼 울릉도 해역에서 분쟁이 계속되자 일본 막부는 쓰시마도주를 통해 자신들의 잘못을 공식적으로 인정하고 사과하는 한편, 일본 어부들의 울릉도 해역 어로행위 금지를 약속했습니다.

그러한 과정에서 울릉도와 독도는 조선의 영토라는 문서 '돗토리번 답변서'가 생겨나기도 했지요.

모든 일을 자신이 원하는 대로 말끔하게 처리한 안용복은 가벼운 마음으로 고국인 조선으로 돌아왔습니다. 하지만 그를 기다리고 있는 것은 상이 아니었습니다. 지난번의 곤장

100대를 훨씬 뛰어넘은 큰 죄인이 되어 있었던 것입니다.

안용복은 조정의 허락 없이 국경을 넘은 죄, 신분에 어울리지 않게 나랏일에 간여한 죄 등이 합해져 사형을 당해야 했습니다. 그러나 결과적으로는 나라에 도움이 되었다는 점을 높이 평가해 귀양살이를 하는 것으로 죽음을 면할 수가 있었습니다.

조선 후기의 실학자 이익은 자신의 저서 〈성호사설〉을 통해 평범한 백성에 불과했던 안용복이 이룬 업적을 높이 평가하는 한편, 불행한 그의 말년을 다음과 같이 가슴 아파 했습니다.

> 안용복은 영웅호걸이다.
> 미천한 신분이지만 나라를 위해 강적과 겨루어
> 여러 대를 끌어온 분쟁을 그치게 했으며,
> 한 고을의 토지를 회복하게 했다.
> 그런데 조정에서는 포상을 하기는커녕
> 처음에는 형벌을 내리고, 나중에는 귀양을 보냈다.
> 참으로 애통한 일이다.

13. 대한제국 칙령 제41호

> Q 대한제국이 1900년에 독도는 울릉도 관할이라고 명확하게 밝혀 놓은 '칙령 제41호'가 있다는데, 그 내용이 궁금합니다.

A 왜구의 침략과 세금, 그리고 부역 등의 문제 때문에 실시한 조선의 쇄환정책은 더욱 큰 화근이 되어 조정의 골치를 아프게 했습니다.

쇄환정책으로 울릉도가 거의 무인도와 같은 상태에 이르자, 왜구들의 무단 상륙이 더욱 잦아진 것이지요.

특히 19세기 말에는 왜구들이 울릉도에서 목재까지 벌채해 본국으로 싣고 가는 등, 마치 주인과 같은 행세를 하기 시작했습니다. 뒤늦게 문제의 심각성을 인식한 대한제국에서는 서둘러 조치를 취하기 시작했습니다.

우선 대한제국 정부의 이름으로 일본 정부에 이들의 철수를 강력하게 요구했습니다. 나아가 조정에서는 일본의 의구심을 없애기 위해 대한제국의 내무관리 우용정과 부산주재 일본 부영사관보 아카쓰카 쇼스케, 그리고 제3국 출신 부산해관 세무사인 라포트 등을 중심으로 한 조사단을 구성해 1900년 6월 1일부터 5일 동안 왜구들의 울릉도 목재 벌채 실태를 조사하게 합니다.

모든 조사가 끝나자 조정에서는 울릉도의 지방행정법제를 강화하기에 이릅니다.

1900년 10월 24일, 의정부를 소집해 회의를 한 결과 '울릉도를 울도라는 이름으로 바꾸어 강원도에 편입시키고, 도감을 군수로 임명하며, 군의 등급은 5등으로 한다.'는 결정을 내렸습니다.

또한 '군청은 태하동으로 정하고, 군청의 관할구역은 울릉전도와 죽도, 그리고 석도(독도)까지이다.'라며 세부적인 사항까지 의결했지요.

이러한 회의 결과는 이튿날 황제에게 재가를 받았고, 1900

년 10월 27일 관보에 '칙령 제41호'라는 제목으로 게재되었습니다.

이와 같은 대한제국의 칙령 제41호는 조선과 대한제국 정부가 독도를 울릉도의 일부로 여겨 왔고, 쇄환정책으로 섬을 비우기는 했지만, 영토권을 포기한 적은 없다는 역사적 사실을 확실하게 증명하고 있습니다.

하지만 일본은 칙령 41호에 독도라는 지명이 들어가 있지 않기 때문에 독도는 대한민국의 영토가 아니라는 주장을 하고 있습니다. 대한제국의 내무관리 우용정과 부산주재 일본 부영사관보 아카쓰카 쇼스케, 그리고 제3국인 세무사 라포트가 공동으로 조사한 실태보고서를 받았음에도 불구하고 말입니다.

칙령 41호에는 일본의 주장대로 독도를 석도로 표기하고 있습니다. 하지만 아카쓰카 쇼스케와 함께 울릉도를 조사했던 우용정은 독도를 독섬이라고 불렀고, 일본인 관리 아카쓰카 쇼스케는 독섬의 한자어인 석도를 충분히 인지하고 있었습니다.

일본 정부 역시 그러한 사실을 모를 리가 없지요. 하지만 일본 정부는 자신들에게 유리한 자료가 아니면 보려고 하지도 않고, 들으려고 하지도 않습니다. 일단 우기고 보는 것입니다.

   일본은 그런 나라입니다.

14. 시마네 현 고시 제40호

Q 일본 정부는 1905년의 '시마네 현 고시 제40호'를 근거로 독도가 일본 영토라는 주장을 굽히지 않고 있다고 하는데, 시마네 현 고시 제40호의 구체적인 내용과 효력에 대해 알고 싶습니다.

A '시마네 현 고시 제40호'는 일본의 시마네 현이 1905년 독도를 일방적으로 자신들의 현에 편입시킨 사실을 알리는 고시입니다.

그 내용을 보면 '북위 37도 9분 30초, 동경 131도 55분에 있으며, 오키시마에서 서북으로 85해리(1해리는 약 1,852미터) 거리에 있는 섬을 다케시마(竹島)라 칭하고, 지금 이후로는 본 현 소속 오키도사의 소관으로 정한다.'라고 되어 있습니다.

시마네 현은 관보에 게시된 적도 없는 시마네 현 고시 제40호를 1905년 2월 22일, 내부 회람용이라는 도장을 찍어 고시했지요. 하지만 이 고시는 출처가 불분명한 회람본에 불과하기 때문에 일본 국내에도 아는 사람이 거의 없는 것으로 알려져 있습니다. 따라서 국제적으로 효력을 발휘할 수는 더더욱 없지요. 그럼에도 불구하고 일본이 이 문건을 근거로 독도를 자국 영토로 삼으려 한 이유는 러일전쟁이 한창이던 당시, 동해에서 맞부딪치는 해상 전쟁에서 우위를 차지하기 위한 군사적인 필요에 의한 것이었습니다.

그 당시의 일본 사료에는 '독도를 차지하면 적을 감시할 수 있는 망루를 세울 수 있을 뿐만 아니라, 유무선 전신을 통해 적 함대의 접근을 매우 빨리 감지할 수 있어서 유리하다.'는 점을 들어 독도의 영토 편입을 추진한 외무성 당국자의 기록이 남아 있습니다.

또한 일본 내무성 당국자는 '풀 한 포기 나지 않는 한국령 암초(독도) 때문에, 일본이 한국을 집어삼키려는 야심이 있다고 의심케 하는 것은 득보다 실이 더 많다.'고 말하는 등 일본 정부는 처음부터 독도를 한국 영토로 인식하고 있었던 것으로 드러나 있습니다.

그럼에도 불구하고 일본은 1904년 2월, 한일 의정서를 체결해 러일전쟁의 수행에 필요한 한국 영토를 자유롭게 사용할 수 있게 되었습니다. 나아가 그해 8월에는 제1차 한일협약을 체결함으로써 한반도 침탈을 본격화하기 시작했지요.

그 후 일본은 치밀하게 계획된 시나리오에 따라 대한제국을 압박해 나가면서 여러 가지 조약을 체결해 나갑니다. 러일전쟁 때문에 독도가 그 첫 번째 희생물이 되었던 것입니다.

다음은 일본이 강압적으로 대한제국과 맺은 각종 조약과 그 내용입니다.

1904년 2월 : 한일의정서 교환

이 의정서 교환과 함께 일본은 한국에서 군사 활동을 자유롭게 할 수 있게 되어 러일전쟁 승리의 교두보를 확보합니다. 또한 한국의 통신기관과 경부선 철도 및 경의선 철도 부설권도 일본으로 넘어갑니다.

1904년 6월 : 한일 어로구역에 관한 조약

이 조약의 체결로 일본은 한국의 평안도, 황해도, 충청도 등 서해안 전역에서 자유롭게 어로 활동을 할 수 있게 됩니다. 일본의 한국 침략이 본격화된 것입니다.

1904년 8월 : 제1차 한일협약

일본인 정치 고문을 파견해 고문정치를 하기 위한 강압적인 조약으로, 이후 한국의 군사, 외교, 재정, 경찰, 문교 등 모든 주요 정책이 일본인 고문에 의해 좌우되기 시작합니다.

1905년 11월 : 제2차 한일협약

을사조약, 또는 을사늑약이라고도 부르는데, 러일전쟁에서 승리한 일본의 강압에 의해 체결한 조약입니다. 이후 한국의 외교권은 일본의 마수에 들어가고 맙니다. 하지만 고종 황제는 끝내 이 조약에 서명을 하지 않았습니다. 다만 을사오적이라고 불리는 학부대신 이완용, 외부대신 박제순, 내부대신 이지용, 군부대신 이근택, 농상공부대신 권중현 등 다섯 관리의 서명이 있을 뿐입니다.

1907년 7월 : 한일신협약

정미7조약이라고도 부르는 이 조약은 이완용의 주도하에 한국의 법령제정권, 관리임명권, 행정권 등을 일본에 넘겨주는 한편, 일본인 관리를 의무적으로 채용할 수밖에 없는 처지가 됩니다. 사실상 일본의 식민지가 되어 버린 것입니다.

1909년 7월 : 기유각서

한일신협약을 구체화하기 위한 각서로, 한국의 사법권과 감옥에 대한 사무를 일본에게 넘겨준다는 내용입니다. 한국의 총리대신 이완용과 제2대 통감 소네 아라스케가 서명했습니다.

1910년 8월 : 한일병합조약

한일병합조약은 1910년 8월 22일, 총리대신 이완용과 제3대 통감 데라우치 마사타케가 통과시킨 조약으로 1910년 8월 29일 발효되었습니다. 대한제국이 일본의 식민지가 된 것입니다. 그래서 국권피탈, 또는 경술국치 등으로 표현하기도 합니다.

15. 울릉도 군수의 독도 관련 보고서

> **Q** 울릉도 군수 심흥택이 1906년 3월 말 독도와 관련된 보고서를 상부 관청에 올렸다는데, 어떤 내용을 담고 있는지 궁금합니다.

A 울릉도 군수 심흥택은 1906년 3월 28일, 울릉도를 찾아온 일본 시마네 현 관민 조사단과 만나게 됩니다. '시마네 현 고시 제40호'에 근거하여 독도를 시마네 현 부속 도서로 편입한 이후 현지 시찰을 하기 위한 합동조사단이었습니다.

일본인들과 대화를 나누던 중 심흥택은 일본이 독도를 자국의 영토로 편입했다는 정보를 입수합니다. 일본인들은 아무런 거리낌 없이 시마네 현 고시 제40호에 대한 이야기를 들려주었던 것입니다.

전혀 예상하지 못했던 갑작스러운 말에 화들짝 놀란 심흥택은 3월 29일, 강원도 관찰사와 나라의 행정업무를 총괄하고 있던 조정의 내부에 그러한 사실을 보고합니다.

다음은 울릉도 군수의 보고를 받은 강원도 관찰사가 1906년 4월 29일자로 의정부에 올린 보고서를 알기 쉽게 풀어 쓴 내용입니다.

> 울릉도 군수 심흥택이 지난 3월 29일 강원 관찰사에 보고서를 하나 올렸습니다. 그 내용이 다음과 같으니 살펴 헤아려 주시기 바랍니다.
> '울릉군에는 바다 멀리 100여 리 정도 떨어진 곳에 독도라는 바위섬이 있습니다. 지난 3월 28일 아침, 배 한 척이 울릉군 도동포에 와서 정박했습니다. 그 배에는 일본인 관리와 민간인 몇 명이 타고 있었는데, 그들은 스스로 군청으로 찾아와서 느닷없는 말을 했습니다. '독도는 이제 일본 영토가 되어 시찰차 섬을 방문하게 되었다'는 것이었습니다. 그러고는 울릉도의 인구와 가구 수, 그리고 농토의 넓이와 생산량 등을 물었습니다. 게다가 울릉도의 경비 상황과 경계

근무를 하고 있는 근무자 숫자까지 파악하여 돌아가니, 아무래도 사태가 심상치 않은 듯하여 이렇게 보고서를 올리니 살펴주시기 바랍니다.'

강원도 관찰사의 보고서를 접수한 의정부에서는 1906년 5월 20일, 지령 제3호를 통해 다음과 같은 지시를 내렸습니다.

'강원도 관찰사의 보고는 잘 받았다. 독도가 일본 영토가 되었다는 말은 전혀 근거가 없는 이야기다. 그러니 울릉도와 독도의 지금 형편과, 군청을 방문한 일본인들의 언행이 어떠했는지 자세히 조사해 다시 보고하기 바란다.'

1906년 5월 20일자로 의정부가 내린 지령 제3호를 통해, 울릉도 군수는 1900년에 반포된 '칙령 제41호' 규정에 근거해 독도를 지속적으로 관할하고 있었다는 사실을 알 수 있습니다.

16. 독도를 찾아볼 수 없는 일본의 옛 지도

> **Q** 옛 일본 사람들이 만든 지도에는 독도가 어떻게 표시되어 있는지 궁금합니다.

A 일본의 지도 중에서 가장 오래된 것은 8세기 무렵에 제작되어 16세기까지 사용된 '교키도'입니다. 그런데 교키도에는 오키 섬과 대마도만 그려져 있을 뿐, 독도나 울릉도는 보이지 않습니다.

일본은 17세기부터 서양기법을 사용한 지도를 제작했습니다. 1612년에는 일본 최초의 공식 지도인 '케이초 일본도'가 에도막부에 의해 만들어졌고, 1655년 '쇼호 일본지도'를 제작했으며, 그 후 '겐로쿠 일본지도'와 '고호 일본지도' 등이 선을 보였습니다.

하지만 1821년에 제작된 '대일본연해여지전도'를 포함한 모든 지도가 독도와 울릉도를 표기하고 있지 않습니다. 나아가 1877년에 일본의 육군참모국이 만든 공식지도인 '대일본전도' 역시 마찬가지입니다.

이처럼 일본이 공식적으로 사용한 모든 지도에 독도가 빠졌다는 것은, 아주 오랜 옛날부터 일본은 독도를 자신들의 영토로 여긴 적이 없다는 사실을 증명하고 있습니다. 정부나 관청이 주도해 만든 지도에 자국의 영토를 빠뜨릴 수는 없기 때문입니다.

그런데 일본 정부가 오늘날 독도 영유권이 자신들에게 있다고 주장하며 내세우고 있는 지도는 '개정일본여지로정전도' 입니다. 이 지도는 에도시대 유학자 나가쿠보 세키스이가 1779년에 제작한 것으로, 정부나 관공서가 아닌 개인이 주도해 만든 것입니다.

'개정일본여지로정전도' 에는 울릉도와 독도가 분명히 그려져 있습니다. 하지만 두 섬 옆에는 〈은주시청합기〉에 나오는 '이 섬에서 고려를 보는 것이 마치 운주에서 은주를 보는 것과 같다' 라는 문구가 울릉도 옆에 길게 적혀 있습니다.

더구나 독도와 울릉도는 경도와 위도를 벗어난 곳에 일본 영토와는 다르게 채색도 하지 않은 채 그려져 있지요. 따라서 '개정일본여지로정전도'는 오히려 울릉도와 독도가 일본의 영토가 아님을 일본 스스로 증명하는 근거가 될 수 있는 지도인 것입니다.

그리고 1894년에 일본이 제작한 '신찬 조선국전도'가 있습니다. 그 지도에는 울릉도와 독도가 분명하게 그려져 있는데 한반도와 동일한 색으로 채색되어 있지요. 게다가 두 섬 옆에는 일본이 전통적으로 사용해 왔던 명칭인 죽도와 송도라는 글자가 쓰여 있습니다.

그런데 일본 정부는 이에 대해 '신찬 조선국전도에 표기된 다케시마와 마쓰시마는 울릉도와 독도가 아니다. 다케시마는 실제로는 존재하지 않는 아르고너트 섬이고, 마쓰시마가 울릉도다. 그러므로 이 지도에 독도는 없다.'며, 앞뒤가 전혀 맞지 않은 억지를 부리고 있습니다.

일본이 아무리 생떼를 쓰고 억지를 부려도 독도가 일본 땅이 되는 것은 아닙니다. 나아가 그들의 말도 안 되는 주장에 대응해 과도하게 흥분할 필요도 없습니다. 그저 묵묵히 자신의 일을 하면서 힘을 키우는 것입니다.

우리 땅 독도는 사라지지 않습니다.

지금까지 수억 년의 세월을 함께했던 것처럼, 앞으로도 그러할 것입니다.

17 〈신증동국여지승람〉과 독도

> **Q** 조선왕조 때 편찬한 지리서인 〈신증동국여지승람〉에 독도와 관련된 부분이 있다고 하는데, 자세한 내용을 알고 싶습니다.

A 〈신증동국여지승람〉은 중종 25년인 1530년에 제작된 인문지리서입니다. 성종 때 만든 〈동국여지승람〉을 50여 년 만에 증보 편찬한 것으로, 조선왕조의 영토에 대한 규정과 해설이 포함되어 있습니다.

〈신증동국여지승람〉은 조선의 영토만을 다루었습니다. 이를테면 이 책에 수록된 모든 군현과 섬은 조선왕조의 통치권에 속하는 조선 땅이었던 것입니다. 〈신증동국여지승람〉은 울릉도와 독도가 강원도 울진현에 속한 섬이라는 사실을 전

제한 후, 다음과 같이 설명하고 있습니다.

우산도와 울릉도는 무릉이라고도 하고, 우릉이라고도 한다. 두 섬은 고을 동쪽 바다 가운데에 있다. 세 봉우리가 곧게 솟아 하늘에 닿았는데, 남쪽 봉우리가 약간 낮다. 바람과 날씨가 청명하면 봉우리의 수목과 산 밑의 모래톱을 역력히 볼 수 있으며, 순풍이 불면 이틀 만에 갈 수 있다. 일설에는 우산과 울릉이 원래 한 섬으로, 백 리에 달했다는 말이 있다.

〈신증동국여지승람〉은 이처럼 울릉도와 독도에 대해서 확실한 설명을 하고 있습니다. 두 섬은 두 말할 나위 없이 조선의 영토였으며, 조선의 통치권 내에 들어 있었습니다.

독도 영유권을 줄기차게 주장하고 있는 일본 정부에 이 내용을 제시하면 어떤 반응을 보일지 궁금합니다. 짐작컨대 화들짝 놀라 잠시 멈칫 하다가 금세 또 다른 핑곗거리를 찾아 나서겠지요.

18. 동국도와 독도

> **Q** 18세기에 제작된 지도인 '동국도'에는 독도가 어떻게 표시되어 있는지 궁금합니다.

A '동국도'는 중국지도와 일본지도, 그리고 천하지도가 함께 수록된 지도책에 있는 조선전도입니다. 언제 만들어졌는지 정확한 제작연도는 알 수가 없습니다. 다만 경상남도의 안음과 산음을 1767년에 안의와 산청으로 바꾸었는데 새 이름이 기록되어 있고, 경기도의 시흥은 고을 이름이 바뀌기 이전인 금천으로 표기하고 있는 것으로 보아, 18세기 후반에 제작된 것으로 추측하고 있습니다.

이 지도는 사실 세밀하거나 정교한 지도는 아닙니다. 다만 조선 팔도를 각각 다른 색을 써서 쉽게 알아볼 수 있게 했고,

감영과 병영 등은 해바라기 모양을 한 도장을 찍어 구분해 놓았습니다.

또한 해안이나 북방 국경 지역의 군사 요충지인 각각의 진은 붉은색 점으로 표시하고 있는 이 지도는 육지보다 섬이 더 자세하다는 특징이 있습니다.

울릉도와 독도 역시 그려져 있는데 울릉도는 배능도로, 독도는 평산도로 기록하고 있습니다. 그리고 울릉도와 독도의 위치가 바뀐 것은 조선 전기의 지도를 참조했기 때문인 것으로 여겨집니다.

19. 조선전도(각도지도)와 독도

> **Q** '조선전도(각도지도)'에는 독도가 어떻게 그려져 있는지 궁금합니다.

A '조선전도(각도지도)'는 18세기 이후에 크게 유행했던 〈도리도표〉에 수록되어 있는 우리나라 전도입니다. 이름이 바뀐 고을들의 표기를 기준으로 미루어 보면 18세기 후반에 제작된 것으로 추정할 수 있습니다.

조선 팔도를 오행의 각 기운과 연결된 청, 적, 황, 백, 흑 등 다섯 가지의 오방색으로 구분해 놓았으며, 북쪽 국경 이북의 산과 하천까지 비교적 자세하게 그려져 있습니다.

동해 상단에는 1백 리를 1척으로 나타내는 축척 표기인 백리척이 그려져 있으며, 그 아래쪽 울진 동쪽바다에 울릉도와 독도를 표기하고 있습니다. 울릉도에는 산까지 그려 놓았고, 독도에는 섬 안에 우산도라는 이름이 선명하게 쓰여 있습니다.

20. 팔도전도와 독도

> **Q** '팔도전도'에는 독도가 어떻게 그려져 있는지 궁금합니다.

A '팔도전도'는 18세기 이후 널리 유포된 목판본〈도리도표〉로, 오늘날까지 판본이 여러 곳에 소장되어 있습니다.

팔도전도 왼쪽 상단 여백에는 폐사군을 설명하는 글이 쓰여 있습니다. 사군은 세종 때 개척해 여진을 막기 위해 설치한 여연, 우예, 무창, 자성 등인데 단종과 세조 때 없애는 바람에 그 후로는 폐사군이라 부르던 지역입니다.

그런데 고종 5년인 1868년에 부설된 무창을 기록하고 있음으로 미루어 1870년 이후에 제작된 목판 지도임이 증명되었습니다.

이 지도의 특징은 여백에 범례는 물론 주요 지역의 연혁이나 지리적 특징 등을 빼곡하게 적어 놓았다는 점입니다.

또한 팔도전도는 19세기 전반까지 활용된 조선의 해안수로를 파악하는 데 중요한 자료로 이용되고 있습니다. 전국적인 해안 유통로가 개발된 19세기 후반 이전의 해안 교통로를 보여주고 있기 때문입니다.

팔도전도에는 울릉도와 독도가 그려져 있는데, 독도는 우산이라 표기하고 있습니다. 그리고 축적 비율이 비교적 세밀하게 적용된 육지와는 달리 울릉도와 독도는 한반도와 매우 가까운 곳에 그려져 있습니다.

21. 대조선국전도와 독도

Q 조선 후기에 가장 널리 보급된 것으로 알려진 '대조선국전도'에는 독도가 어떻게 그려져 있는지 궁금합니다.

A 19세기 말엽에 만들어진 '대조선국전도'는 이전에 나왔던 목판본을 동판으로 제작해 간행한 것입니다. 하지만 목판본에 들어 있던 천하, 중국, 일본, 유구국 등의 지도를 제외한 대신 '한양경성도'와 '경성부근지도'를 더한 것입니다.

지도의 모양은 남북이 압축되어 있습니다. 하지만 지도의 내용 면에서는 산맥과 하천, 해안과 도서, 주요 수로와 팔도 경계 등은 빠짐없이 그려져 있습니다.

특히 경성을 중심으로 한 지방 군과의 거리를 10리, 20리와 같은 방법으로 표기하고 있기 때문에 전국 각 지방과의 거리를 두루 살펴볼 수 있도록 했습니다.

　더불어 중국, 일본, 러시아 등 인접 국가와의 경계를 표시하고 있는 지도입니다.

　울릉도와 독도인 우산도는 당연히 그려져 있는데, 울릉도는 뱃길로 800리라고 기록되어 있습니다.

22. 프랑스 지리학자 당빌의 지도와 독도

Q 프랑스 사람 당빌이 제작한 지도 '조선왕국전도'에도 독도가 그려져 있는지 궁금합니다.

A 당빌(D´Anville 1697~1782년)은 중국과 한국 등 아시아 국가에 관심이 많은 프랑스 지리학자입니다. 그래서 '신중국지도첩'과 '조선왕국전도' 등을 간행하기도 했지요.

당빌은 1737년, 조선왕국전도를 제작했는데 그 지도에도 독도는 울릉도와 함께 그려져 있습니다. 당빌은 조선이나 일본과 이해관계가 전혀 없는 프랑스의 지리학자였습니다. 그런데 그는 울릉도와 독도를 그 어떤 지도보다 한반도에 가까운 위치에 그려 놓았습니다.

배를 타고 유럽을 출발해 아프리카 끝 희망봉을 돌아 아시아까지 오게 된 당빌의 입장에서 울릉도와 독도는 한반도와 거의 붙어 있는 섬으로 인식되었는지도 모릅니다. 게다가 우산도라고 표기된 독도가 울릉도보다 더 안쪽에 그려져 있습니다.

독도는 러일전쟁을 빌미로 일본이 침탈한 한국 최초의 영토입니다.
한국인들에게 독도는 동해에 떠 있는 작은 바위섬이 아닙니다.
우리나라 주권의 상징이자 국민들의 자존심입니다.

제3부 독도는 우리 땅

23. 카이로 선언과 포츠담 선언, 그리고 독도
24. 연합국총사령부의 독도 지침
25. 샌프란시스코 강화조약
26. 을사조약과 한반도, 그리고 독도
27. 독도와 국제사법재판소
28. 오늘날의 독도 영토권 행사
29. 독도 관련 민간 단체
30. 일본과 중국의 영토 분쟁
31. 일본과 러시아의 영토 분쟁
32. '러스크 서한' 과 미국, 그리고 독도
33. 대한민국, 일본, 미국, 그리고 독도

23. 카이로 선언과 포츠담 선언, 그리고 독도

Q 카이로 선언과 포츠담 선언에 일본의 영토를 제한하는 조항이 명시되어 있다고 하는데, 그 조항이 독도와 어떤 관련이 있는지 궁금합니다.

A 카이로 선언은 제2차 세계대전이 연합국의 승리로 굳어져 가던 때인 1943년 11월 27일에 루스벨트 미국 대통령, 처칠 영국 수상, 장제스 중국 총통이 카이로에서 만나 일본과의 전쟁에 대한 의견을 나누었습니다.

세 나라 정상은 회담을 마친 뒤 일본의 무조건 항복을 촉구하는 한편, 향후 일본에 대한 기본 방침을 발표한 선언문입니다.

그 내용은 다음과 같습니다.

1. 미국·영국·중국 등 3대 연합국은 일본의 침략을 봉쇄하고 응징하기 위해 전쟁을 수행하고 있는 중이다. 하지만 우리 세 나라는 이 전쟁을 통해 자국의 야욕을 추구하거나 영토를 확장할 의도를 갖고 있지 않다.

2. 미국·영국·중국 등 3대 연합국의 목적은 제1차 세계대전 이후 일본이 점령한 태평양의 모든 군도를 원상복귀 시킴과 함께, 일본이 점령한 중국 영토인 만주와 타이완, 그리고 펑후 제도를 중국이 되돌려 받을 수 있도록 하는 데 있다.

3. 일본은 지금까지 불법적으로 탈취하거나 점령한 모든 영토를 본래 주인에게 돌려주어야 한다. 나아가 미국·영국·중국 등 3대 연합국은 노예 상태에 처한 한국 국민을 위해, 한국이 적절한 절차를 밟아 자유로운 독립국가가 되어야 한다고 결의한다.

카이로 선언은 일본 영토에 대한 연합국의 처리 방침을 공식적으로 발표함과 함께, 한국에 대한 조항을 삽입해 대한민국의 독립을 국제적으로 보장받는 첫 번째 계기가 되었습니다.

그로부터 약 2년이 지난 1945년 7월 26일, 일본의 항복 조건을 정한 포츠담 선언이 발표되었습니다. 미국·영국·소련·중국 등이 참여한 포츠담 회담의 결과물인 포츠담 선언은 13개 조항으로 구성되어 있는데, 일본의 무조건 항복과 함께 포츠담 선언의 즉각적인 수락을 요구했습니다.

포츠담 선언의 제8조는 '카이로 선언의 모든 조항은 이행되어야 하며, 일본의 주권은 혼슈·홋카이도·규슈·시코쿠와 연합국이 결정하는 작은 섬들에 제한된다.' 라고 명시하고 있습니다.

하지만 일본은 포츠담 선언을 거부했고, 연합군은 일본의

히로시마와 나가사키에 원자폭탄을 투하했습니다. 그리고 1945년 8월 14일, 일본이 항복과 함께 포츠담 선언을 수락해 제2차 세계대전은 끝났습니다.

카이로 선언에서는 그동안 일본이 점령한 영토를 반환함과 함께 대한민국의 독립을 보장하고 있습니다. 그리고 포츠담 선언에서는 일본의 주권을 혼슈·홋카이도·규슈·시코쿠와 연합국이 결정하는 작은 섬들로 제한해 놓았습니다. 일본의 주권을 행사할 수 있는 지역에 독도는 당연히 포함되지 않았습니다.

일본은 항복을 하면서 포츠담 선언을 조건 없이 수락했습니다. 그렇다면 독도는 당연히 일본 영토일 수가 없습니다. 물론 독도가 일본 영토였던 적은 한 번도 없었지만 말입니다.

24. 연합국총사령부의 독도 지침

Q 제2차 세계대전이 연합국의 승리로 끝난 다음, 연합국총사령부는 일본 영토를 어떻게 규정했는지에 대한 사항과, 연합국총사령부의 독도와 관련된 처리 지침이 따로 있었는지에 대해서도 궁금합니다.

A 제2차 세계대전은 1939년부터 1945년까지 독일, 이탈리아, 일본 등 추축국과 영국, 프랑스, 미국, 소련 등을 중심으로 한 연합국 사이에 벌어진 대규모 전쟁입니다.

인류 역사상 가장 많은 인명과 재산 피해를 낳은 데다, 두 나라 사이에 이해관계가 얽혀 벌어진 전쟁이 아닌, 여러 나라가 함께 참여한 전쟁이기 때문에 제2차 세계대전이라 부르는 것이지요.

이 전쟁에서 승리한 연합군은 11개국으로 구성된 연합국 총사령부를 발족해 일본의 심장부인 도쿄에서 일본 관리에 대한 기본 정책을 결정해 나가기로 했습니다. 군사와 관련된 문제는 미국합동참모본부와 협의를 하고, 그 밖의 일반적인 사항은 미국 국무부와 의견을 나누어 처리했지요.

1946년 1월 29일, 연합국총사령부는 연합국최고사령관 지령 제677호를 발표했습니다. 이 지령은 일본이 앞으로 통치할 수 있는 지역을 정하고 있는데, 연합국최고사령관 지령 제677호 제3항의 내용은 다음과 같습니다.

> 일본이 통치권을 행사할 수 있는 지역은 혼슈, 규슈, 홋카이도, 시코쿠 등 4개의 주요 도서와 그에 인접한 약 1천 개의 작은 섬에 한한다. 나아가 울릉도와 독도, 그리고 제주도는 일본의 영토에서 제외된다.

그로부터 약 6개월이 지난 1946년 6월 22일, 연합국총사령부는 연합국최고사령관 지령 제1033호를 발표합니다. 이 지령에서는 일본의 선박은 물론 일본 국민이 허락을 받지 않고 독도, 또는 독도 주변 12해리 이내에 접근하는 것을 금지하고 있습니다.

그러니까 제2차 세계대전에 참여했던 모든 연합국은 독도의 영유권이 대한민국에 있다는 사실을 1946년부터 인정하고 있었던 것입니다.

하지만 일본은 '연합국최고사령관 지령 677호는 일본이 독도에 대해 정치적, 행정적으로 권력을 행사하는 것을 정지'했을 뿐, 영토를 규정한 것이 아니기 때문에 독도는 일본 영토라는 주장을 하고 있습니다.

연합국최고사령관 지령 제1033호 역시 이와 비슷한 맥락에서 해석하고 있지요. 나아가 이 모든 사항들은 1952년 4월 28일, 연합국최고사령부가 폐지되면서 소멸된 것으로 여기고 있습니다.

25. 샌프란시스코 강화조약

Q 일본은 1951년 샌프란시스코 강화조약의 내용을 근거로 독도를 자신들의 영토라고 주장하고 있다는데, 샌프란시스코 강화조약의 어떤 조항을 들어 그런 주장을 하고 있는지 궁금합니다.

A 대일강화조약이라고도 불리는 샌프란시스코 강화조약은 일본과 제2차 세계대전에 참전했던 48개 연합국이 미국 샌프란시스코 전쟁기념 공연예술 센터에서 체결한 평화 조약입니다. 1951년 9월 8일 각국 대표가 서명한 이 조약은 1952년 4월 28일부터 발효되었습니다.

미국의 입장에서는 이 강화조약의 체결로 소련을 비롯한 공산주의 국가를 견제하는 계산을 하고 있었습니다. 또한 일본 역시 이 조약을 체결하면 연합국총사령부의 지배에서 벗어날 수 있었기 때문에 두 나라의 이해관계가 맞아떨어졌지요.

하지만 전승국이 아닌 우리나라는 참여할 수 없었고, 미국의 속내를 알아차린 소련과 폴란드, 그리고 체코슬로바키아와 같은 나라들은 이 조약 자체를 거부하고 나섰습니다. 또한 일본의 침략으로 피해를 입은 나라들에 대한 보상 문제와 같은 민감한 사안들은 다루지 않아 훗날 외교 분쟁의 원인이 되기도 했습니다.

어쨌든 일본은 이 강화조약의 제2조 a항을 내세워 독도에 대한 영유권을 주장하고 있습니다. 일본이 지목한 그 항목의 내용을 살펴보면 '일본은 한국의 독립을 인정하고, 제주도와 거문도 및 울릉도를 포함한 한국에 대한 모든 권리와 청구권을 포기한다.'고 되어 있습니다.

일본은 이 조항에 독도라는 섬의 이름이 명기되어 있지 않기 때문에 자신들의 영토라는 주장을 펴고 있습니다. 물론 그 뒤에 이어진 한국에 대한 모든 권리와 청구권 포기라는 구절은 꺼내지도 않고 있지요.

결국 일본의 주장대로라면 우리나라에는 약 3,000여 개의 섬이 있는데, 그 중에서 강화조약에 명문화된 제주도와 거문도 및 울릉도를 제외한 모든 섬은 일본 영토라는 결론을 얻을 수 있습니다.

이를테면 독도에서 시작해 남해안의 수많은 섬들은 물론 서해의 백령도에 이르기까지, 섬이라는 섬은 모두 일본의 영토가 되는 셈이지요. 강화조약에 적혀 있는 제주도와 거문도, 그리고 울릉도만 달랑 빼놓고 말입니다.

일본의 주장은 이처럼 코흘리개 어린아이들의 억지보다 더 유치합니다. 그들은 또한 자기네들에게 불리한 연합국최고사령관 지령 제677호 제3항은 언급조차 하지 않고 있습니다.

26. 을사조약과 한반도, 그리고 독도

Q 을사조약은 국제 조약에 필요한 요건을 갖추지 못한 조약이라고 합니다. 만약 을사조약이 무효 처리가 되었다면 독도는 어떻게 되었을지 궁금합니다.

A 1905년에 일본과 대한제국이 체결한 제2차 한일협약을 을사조약이라고 부릅니다. 을사조약은 러일전쟁에서 승리한 일본이 미국과 영국의 묵인과 양해 아래 대한제국을 협박해 체결된 조약이지요.

이 조약으로 인해 대한제국은 외교권을 일본에 통째로 넘겨주게 되고, 대외적으로 국가로서의 구실을 제대로 할 수 없게 됩니다. 이를테면 대한제국은 그 때부터 일본의 실질적인 식민지가 된 것입니다.

을사조약이 체결된 서류에는 조약의 명칭이 들어가야 할 첫머리가 비어 있습니다. 국제조약에 필요한 기본적인 형식조차 갖추지 못한 것이지요. 게다가 대한제국의 황제 고종은 마지막까지 이 조약에 서명을 하지 않았습니다. 그러므로 을사조약은 처음부터 국제조약으로 인정받을 수 없는 조약이었던 것입니다.

대한제국의 황제 고종이 끝까지 서명을 거부하자 훗날 을사오적으로 불리게 되는 대한제국의 고위관료 학부대신 이완용, 외부대신 박제순, 내부대신 이지용, 군부대신 이근택, 농상공부대신 권중현 등 다섯 사람만 서명을 합니다. 그러니까 대한제국 최고 통치권자인 고종이 인정하지 않은 조약이었던 것이지요.

만약 이 조약이 당시에 무효화 되었더라면, 그 후에 일본이 대한제국을 대신해 여러 나라들과 맺은 모든 조약 역시 정통성을 갖지 못하게 됩니다. 나아가 그로부터 5년 후에 이루어진 한일합병 조약도 없었을 테지요. 그렇다면 오늘날의 독도 영유권 문제도 당연히 발생하지 않았을 것입니다.

불과 몇 십 년 전까지만 해도 대장간에서 농기구를 만들었습니다. 대장간에서 단단한 연장을 만들려면 쇠토막을 불에 달궜다가 찬물에 넣어 식히는 작업을 여러 차례에 걸쳐 반복해야 했습니다. 그런데 불에 달구는 불질을 많이 하지 않은 연장은 얼마 쓰지 않아도 금세 망가져 버립니다. 불질이 부족해 쇠토막이 단단해지지 않았기 때문이지요. 누군가 쓸데없는 말이나 행동을 할 때 우리는 '부질없는 짓을 한다'며 핀잔을 줍니다. 대장간에 불질을 제대로 하지 않아 연장이 쓸모가 없다는 데서 유래된 말입니다.

'을씨년스럽다'는 말 역시 그와 비슷한 경우입니다. 이 말은 을사년에 체결된 을사조약 이후에 생겨났는데, 마음이나 날씨가 어수선하고 심란할 때 '을사년스럽다'고 했던 것이 '을씨년스럽다'는 말로 변한 것입니다.

을사조약은 우리 민족 모두에게 그만큼 큰 충격을 안겨주었습니다. 문제는 힘입니다. 나라의 능력이 부족하니 을씨년스러운 일이 일어나고, 독도를 자기네 영토라고 떠들어 대는 소리를 끊임없이 들어야 하는 것입니다.

27. 독도와 국제사법재판소

Q 일본은 3년 동안 지속되었던 한국전쟁 휴전 이듬해인 1954년, 독도 문제를 국제사법재판소에 회부하자는 주장을 했습니다. 이에 대해 당시 우리 정부는 어떻게 반응했는지 궁금합니다.

A 독도와 관련하여 공식적으로 밝힌 우리 정부의 기본 입장은 다음과 같습니다.

대한민국 정부는 우리의 고유 영토인 독도에 대해 분쟁은 존재하지 않으며, 어느 국가와의 외교 교섭이나 사법적 해결의 대상이 될 수 없다는 확고한 입장을 가지고 있다.
대한민국 정부는 독도에 대한 대한민국의 영유권을 부정하는 어떤 주장에 대해서도 단호하고 엄중히 대응하면서 국제사회에서 납득할 수 있는 냉철하고 효과적인 방안을 통한 차분하고 단호한 외교를 전개해 나갈 것이다.

그런데 일본 정부는 한국 국민과 정부가 전쟁의 충격에서 벗어나지 못하고 있던 1954년, 느닷없이 독도 문제를 국제사법재판소에 회부해 결판을 내자고 제의했습니다. 일고의 가치도 없는 일본의 억지 주장에 한국 정부는 다음과 같이 대응했습니다.

'일본 정부의 독도 문제 국제사법재판소 회부 주장은 국제적인 사법절차를 이용해 또 다른 이득을 취하기 위한 일본의 술수에 불과하다. 독도 영유권을 갖고 있는 한국은, 우리의 고유 영토인 독도에 대한 권리를 국제사법재판소에 증명해야 할 이유가 전혀 없다.'

한편, 일본 제국주의자들이 한국의 주권을 침탈한 것은 미리 계획해 놓은 시나리오에 따라 치밀하게 이루어졌습니다.

그 과정을 보면 일본의 계략이 확실하게 드러납니다.

1904년 2월 한일의정서를 교환한 이후 1904년 6월 한일어로구역에 관한 조약, 1904년 8월 제1차 한일협약, 1905년 11월 제2차 한일협약(을사조약), 1907년 7월 한일신협약, 1909년 7월 기유각서, 그리고 1910년 8월에는 한일병합조약을 체결해 한국은 일본의 식민지가 됩니다.

독도는 러일전쟁을 빌미로 일본이 침탈한 한국 최초의 영토입니다. 한국인들에게 독도는 동해에 떠 있는 작은 바위섬이 아닙니다. 우리나라 주권의 상징이자 국민들의 자존심인 것입니다.

28. 오늘날의 독도 영토권 행사

> **Q** 우리나라에서는 오늘날 독도에 대한 영토권을 어떤 방법으로 행사하고 있는지 궁금합니다.

A 우리나라 정부는 호시탐탐 독도를 노리고 있는 일본의 야욕을 낱낱이 파악하고 있습니다. 나아가 독도는 대한민국 주권의 상징이자 국민들의 자존심이라는 사실 역시 잘 알고 있습니다.

독도는 대한민국 고유의 영토입니다. 따라서 독도에 대한 도발행위는 한반도를 침략하는 것과 다를 바가 없습니다. 이에 정부에서는 다음과 같은 방법으로 독도를 수호하고 영토주권을 행사하고 있습니다.

1. 경북지방경찰청 독도경비대가 독도를 경비하고 있습니다. 독도경비대는 1개 소대 규모로 유사시 해양경찰, 해군, 공군 등과 연계 가능한 첨단 과학 장비를 갖추고 있습니다.
2. 해군은 독도의 바다를, 공군은 독도의 하늘을 지키고 있습니다.
3. 대한민국의 모든 법령이 육지와 다름없이 적용되고 있습니다.
4. 접안 시설, 독도 등대, 위성 안테나, 주민 숙소 등을 비롯한 여러 가지 시설물을 설치해 운영하고 있습니다.
5. 대한민국 주민이 독도에 거주하고 있습니다. 현재 독도에 거주하고 있는 주민은 두 명으로, 어업에 종사하고 있는 김성도 김신열 부부입니다. 또한 울릉군청 독도관리사무소 직원 두 명이 독도에서 근무하고 있습니다.

한편, 일본의 방위백서에 독도가 등장한 것은 1978년이었습니다. 그러다가 1997년 이후로는 글자 하나 바뀌지 않은 상태로 계속해서 독도의 영유권을 주장하고 있습니다.

2013년판 방위백서도 여전히 독도를 자신들의 영토라고 적고 있습니다. 그 내용을 보면 '일본 고유의 영토인 북방 영토 및 다케시마 영토 문제가 여전히 해결되지 않은 상태로 존재하고 있다.'라고 되어 있습니다.

이에 대해 우리나라 외교부에서는 대변인을 통해 다음과 같은 성명을 발표했습니다.

> 1. 우리 정부는 일본 정부가 7월 9일 발표한 2013년도 방위백서에서 명백한 우리 영토인 독도를 자국 영토로 주장하는 내용을 재차 포함시킨 데 대해 강력히 항의하며, 백서의 해당 주장을 즉각 삭제할 것과 여사한 행위의 재발 방지를 엄중히 촉구하는 바이다.
> 2. 그간 우리 정부는 역사적·지리적·국제법적으로 명백한 대한민국 고유의 영토인 독도에 대한 일본의 허황된 주장에 대해 일본 정부에 누차 자성하도록 촉구해 왔다. 그럼에도 일본 정부가 과거 한반도 침탈 과정에서 최초로 희생된 우리 영토인 독도에 대한 부당한 영유권 주장을 포기하지 않고 있다면, 일본 정부의 잘못된 역사 인식은 준엄하게 지적받아 마땅할 것이다.

3. 우리 정부는 대한민국 고유의 영토인 독도에 대한 일본의 어떠한 영유권 주장도 결코 용납하지 않을 것임을 다시 한 번 밝혀 둔다.

우리나라 국방부 역시 '독도 영유권을 훼손하려는 어떠한 시도에 대해서도 엄중하게 대응할 것이며, 앞으로도 독도에 대한 우리의 주권을 빈틈없이 수호해 나갈 것'이라고 강조했습니다.

29. 독도 관련 민간 단체

> **Q** 독도와 관련된 일을 하고 있는 민간 단체로는 어떤 것들이 있는지 궁금합니다.

A 영원한 우리 땅 독도를 사랑하고 연구하며, 일본으로부터 지켜내기 위해 밤낮으로 노력하는 단체는 무척 많습니다. 크게 학술연구 단체와 시민운동 단체, 그리고 사이버공간 단체 등 셋으로 나눌 수 있는데, 주요 목록은 다음과 같습니다.

1. 학술연구 단체

독도학회, 동해연구회, 울릉도·독도연구소, 독도연구소, 안용복연구소, 독도·간도연구센터, 독도·울릉학연구소, 울릉도독도발전연구회 등.

2. 시민운동 단체

독도수호대, 독도의병대, 독도수호국제연대, 독도유인도화 국민운동본부, 독도역사찾기운동본부, 푸른울릉독도가꾸기 모임, 사이버외교사절단 반크, 코리아독도녹색운동연합 등.

3. 사이버공간 단체

미인독도, 독도사랑동호회, 독도사랑지킴이, 다음독도사랑 동호회, 대한민국독도사랑회, 독도수호카페, 대구은행 사이 버 독도지점 등.

30. 일본과 중국의 영토 분쟁

> **Q** 일본은 우리나라뿐만 아니라 중국과도 영토 분쟁이 있다고 하는데, 자세한 내용을 알고 싶습니다.

A 일본과 중국이 영토 분쟁을 일으키고 있는 곳은 일본 오키나와에서 남서쪽으로 약 400킬로미터 지점에 위치한 '센카쿠 열도'입니다. 중국에서는 '댜오위다오'라 부르고, 타이완에서는 '댜오위타이'라고 부르지요.

센카쿠 열도는 현재 일본이 점유하고 있습니다. 하지만 중국과 타이완이 영유권을 주장하면서 영토 분쟁지역이 되었답니다. 일본의 경우 우리의 독도와는 정반대 입장에 있기 때문에 우리 국민들도 상당한 관심을 갖고 있습니다.

중국은 센카쿠 열도가 타이완의 부속 도서로 명나라 때 처음으로 발견해 '댜오위다오'라는 이름을 붙인 뒤 영유해 왔다고 주장하고 있습니다. 그 증거로 댜오위다오를 중국 영토로 표기하고 있는 여러 고지도를 제시하고 있지요.

그러나 일본은 류큐 왕국을 오키나와 현으로 편입한 후, 무인도였던 센카쿠 열도 또한 오키나와 현으로 편입시켰다고 주장합니다. 나아가 미일 오키나와 반환 협정에 따라 센카쿠 열도의 영유권이 일본에 있다는 것입니다.

센카쿠 열도는 청일전쟁 이후 일본의 영토로 귀속되었습니다. 그러나 1951년에 미일강화조약을 체결하면서 미국으로 이양되었지요. 그 후 오키나와 반환 협정에 따라 다시 일본이 실효지배를 하고 있는 것입니다.

센카쿠 열도는 1960년대까지만 해도 아무런 문제가 없었습니다. 하지만 아시아극동경제위원회의 광물자원 공동개발조정위원회가 동중국해 일대의 해저 조사를 실시하면서 석유 매장 가능성이 확인되자 영유권 논쟁이 벌어지기 시작했습니다.

일본이 독도 영유권을 끊임없이 주장하고 있는 상황에서, 일본과 중국의 센카쿠 열도 영토 분쟁은 흥미로운 관심거리가 되지 않을 수 없습니다.

31. 일본과 러시아의 영토 분쟁

Q 일본은 우리나라와 중국 이외에도 북쪽의 러시아와도 영토 분쟁을 하고 있는 것으로 알고 있습니다. 그 자세한 내용이 궁금합니다.

A 일본의 북쪽 섬 홋카이도와 러시아의 캄차카 반도 사이에는 약 20여 개의 섬으로 이루어진 쿠릴 열도가 있습니다. 오늘날 일본과 러시아가 영토 분쟁을 벌이고 있는 섬은 쿠릴 열도 남단의 에토로후 섬과 쿠나시리 섬, 그리고 북쪽의 하보마이 섬과 시코탄 섬입니다.

이 섬들은 현재 러시아가 실효지배를 하고 있는데, 일본이 자신들의 영토라며 반환을 요구하고 있습니다. 일본과 러시아가 1855년에 러일통상조약을 맺으면서 쿠릴 열도는 일본으로 편입되었습니다.

하지만 카이로 선언의 '일본이 폭력적이거나 강압적으로 빼앗은 모든 영토는 본래의 주인에게 돌려주어야 한다'는 규정에 따라 얄타협정에서 '사할린 남부와 인접한 제도를 러시아에 반환해야 한다.'고 결정해 쿠릴 열도가 러시아 영토가 된 것입니다.

결국 쿠릴 열도에 살고 있던 일본인들은 일본으로 쫓겨날 수밖에 없었습니다. 그리고 실효지배를 하고 있는 러시아는 한때 시코탄과 하보마이 등 2개 섬을 양도하겠다고 약속을 했지만 지키지는 않았습니다. 그래서 일본의 반환 요구는 더욱 거세졌지요.

영토분쟁이 시작된 지 오랜 세월이 흘렀지만 쿠릴 열도는 처음 그대로 러시아가 지배하고 있습니다. 국경을 접하고 있는 모든 나라와 영토 분쟁을 벌이고 있는 일본의 마지막 모습이 참으로 궁금합니다.

큰! '러스크 서한'과 미국, 그리고 독도

> **Q** 독도 영유권 문제로 시끄러워질 때마다 '러스크 서한'이라는 이야기가 나오곤 하는데, '러스크 서한'이 무엇인지 궁금합니다.

A '러스크 서한'은 1951년 8월 10일, 미국 극동 담당 국무차관보 딘 러스크가 주미 대한민국 대사에게 보낸 외교 서한을 일컫는 말입니다. 그러니까 러스크 서한은 샌프란시스코 강화조약 체결 이전에 대한민국과 미국이 주고받은 문서들 중 하나인 것입니다.

샌프란시스코 강화조약 초고가 처음 등장한 것은 1949년이었습니다. 그 당시 대한민국은 미국에게 여러 차례에 걸쳐 우리의 요구 사항이 샌프란시스코 강화조약에 들어갈 수 있도록 해달라는 요청을 했습니다.

그 요청은 세 가지인데, 다음과 같습니다.

1. 일본이 대한민국의 제주도, 거문도, 울릉도, 독도, 이어도 등 일본에 의한 한일병합조약 이전에 한국의 국토였던 여러 섬들에 대한 주권 및 청구권을 1945년 8월 9일 포츠담 선언을 통해 포기했다는 점을 명시할 것.
2. 대한민국 내의 일본인 귀속 재산을 한국과 미군정에게 합법적으로 이관할 것.
3. 샌프란시스코 강화조약에서 맥아더 라인의 지속을 인정할 것.

이와 같은 대한민국의 요청에 대해 미국 국무부는 극동 담당 국무차관보 딘 러스크의 서한을 통해 다음과 같이 답변했습니다.

1. 미국 정부는 일본이 1945년 8월 9일 포츠담 선언에 동의했다고 해서, 선언서 내에 기록된 지역에 대한 최종적인

주권 포기라는 말을 샌프란시스코 강화조약에 반영해야 한다고 생각하지 않는다.

2. 우리의 정보에 의하면 사람이 살지 않는 독도, 리앙쿠르 암, 다케시마라는 섬이 대한민국의 영토로 취급받은 적이 없으며, 1905년 이래로 일본 시마네 현 오키 섬의 관할 구역이었다.

3. 맥아더 라인은 샌프란시스코 강화조약 발효 전까지만 유효하다.

결국 샌프란시스코 강화조약은 러스크 서한이 밝힌 대로 진행되었습니다. 미국 입장에서 힘없는 나라 대한민국의 요구 사항을 들어주는 것보다 일본의 바람막이가 되어 주는 것이 국익에 보탬이 된다고 판단했던 것입니다.

그 결과 일본은 기회가 있을 때마다 러스크 서한을 들먹이며 독도에 대한 영유권을 주장하고 있는 것입니다.

ㅋㅋ. 대한민국, 일본, 미국, 그리고 독도

> **Q** 독도 영유권 문제와 관련해서 미국은 우리나라 편인지 일본 편인지 궁금합니다.

A 우리나라 영토의 동쪽 끝자락에 자리하고 있는 섬 독도는 여러 개의 이름을 갖고 있습니다. 우리나라에서는 독도라고 부릅니다. 일본에서는 다케시마라고 하지요. 그리고 미국 사람들은 리앙쿠르 암이라고 부른답니다.

세계 각국의 주요 기관들은 각 나라의 정보를 표기할 때 미국 중앙정보국 CIA의 월드 팩트북을 인용합니다. 따라서 CIA의 월드 팩트북 세계 기준 자료인 셈입니다.

그런데 월드 팩트북을 보면 동해는 SEA OF JAPAN, 그러니까 일본해로 기록되어 있습니다. 그리고 독도는 프랑스에서 처음 부르기 시작한 이름인 '리앙쿠르 암'이라고 표기하고 있지요. 게다가 그 옆에는 독도와 다케시마를 동시에 써 놓았습니다. 나아가 월드 팩트북은 '리앙쿠르 암'에 대해 1954년 한국에 의해 점령당한 섬으로, 한국과 일본이 동시에 영유권을 주장하고 있다고 기록하고 있습니다. 마치 독도의 영유권 분쟁을 부추기는 것처럼 말입니다.

우리 정부에서는 월드 팩트북의 그러한 표기가 국제 분쟁의 근거가 되기 때문에 시정해 달라는 요청을 다각도로 해 왔습니다. 하지만 미국은 아무런 반응도 보이지 않고 있습니다.

우리는 미국을 흔히 혈맹이라고 부르고 있습니다.

피로 맹세한 끈끈한 관계라는 말이지요. 그런데 미국도 우리를 혈맹으로 여기고 있을까요?

천만의 말씀입니다. 국제관계에서는 영원한 적도, 영원한 동지도 없습니다. 오직 힘의 논리만 적용되는 것이 국제 관계입니다. 우리가 독도를 제대로 지켜내기 위해서는 오직 강대국이 되어야만 하는 것입니다.